usage

REND
MAÎTRE

**A course of language practice and grammar
revision for A Level**

John Powell, M.A. (Cantab.)
Senior Assistant Examiner, The Associated Examining Board

Hodder & Stoughton
LONDON SYDNEY AUCKLAND

For R.A., S. and J.

British Library Cataloguing in Publication Data

Powell, John
Usage rend maître: a course of language practice and grammar revision
for A level.
    1. French language. For schools
    I. Title
    448

ISBN 0 7131 85449

First published 1988
Fifth impression 1992

Printed in Great Britain for the education publishing division of Hodder
& Stoughton Ltd, Mill Road, Dunton Green, Sevenoaks, Kent by Clays
Ltd, St Ives plc.

Acknowledgements

The author and publishers would like to thank the following for permission to use copyright material:

Denoël for the extract from *Rue du Havre* by Paul Guimard.

L'Express for the use of the article 'Les Pieds-Noirs' by André Pautard, published in *L'Express* 26.6.87.

Le Figaro for '2CV: Le Crépuscule d'une légende' by Jacques Chevalier, published in *Le Figaro* 23.2.70 for 'Nouveau livre scolaire: ce qu'il contiendra' by Brigitte Seux, published in *Le Figaro* 11.2.87 and for 'Terrorisme et Réalisme' by Jean-Claude Soyer.

Editions Gallimard for extracts from *Vol de nuit* by Saint-Exupéry, © Editions Gallimard; *L'Etranger* by A Camus, © Editions Gallimard; *Luna Park* and *Mort à Credit* by E Triolet, © Editions Gallimard; *Isabelle* by A Gide, © Editions Gallimard; *Vendredi ou les limbes du Pacifique* by M. Tournier, © Editions Gallimard.

Editions Grasset for the extract from *La Part des Choses* by B Groult.

Hachette for the extract taken from '1936 en France' *La Vie quotidienne en France au temps du Front Populaire*, © Hachette, 1977.

Editions Julliard for the extract from *Le Pont de la Rivière Kwaï* by Pierre Boule.

Larousse for the foreword 'La Bretagne' by Roger Brunet taken from *Découvrir la France*, © Larousse.

Albin Michel for the extracts from *Le Naïf aux 40 enfants* and *Mémoires d'un naïf*, © Albin Michel.

Le Monde for use of the articles 'La guerre linguistique reprend au Quebec', published in *Le Monde* 3.12.86 and 'Centrales de mers', published in *Le Monde* 26.11.86.

Le Nouvel Observateur for '12 millions de clandestins' by Roger Priouret; 'Le Journal d'une branchée' by Thérèse Richard and 'L'Année du minitel' by Fabien Gruhier.

Paris Match for the following articles: 'Le Journal d'une femme de chambre' by D Lempereur; 'Moyens de transport' by M Croizard and J. Mezerette; 'Les Aventuriers de l'Emeraude' by R Holeindre; and 'Un Jésuite veut sauver les castors français'.

Les Presses de la Cité for extracts from *Bataillon Bigeard* by E Bergot.

Georges Simenon for the extracts from *Maigret et la vieille dame*, *Maigret et la grande perche* and *Le Chien jaune*, published by Presse de la Cité and Les Editions Fayard.

The University of Oxford Local Delegacy of Examinations for the use of a recent examination paper.

Every effort has been made to trace copyright holders of material reproduced in this book. Any rights not acknowledged here will be acknowledged in subsequent printings if notice is given to the publisher.

CONTENTS

Foreword

This book, written with some of the new A Level examinations very much in mind, is intended to supplement the main course work, offering not only translation and reading comprehension passages but also a large number of vocabulary and grammar exercises set in a framework of French.

Bearing in mind the students' other language-learning commitments, it is estimated that each unit will provide two to three weeks' work, and it is suggested that the book be introduced towards the end of their first year in the Sixth Form. Apart from Units 1 and 2, slightly easier, and Unit 16, somewhat harder, the units are not graded in order of difficulty and may be used selectively.

The main aims are to offer an extensive range of material, in a variety of styles, for translation and reading comprehension, to widen the students' active and passive vocabulary and increase their awareness of word relationships, and to help them achieve grammatically accurate written French in which the use of typically French structures is clearly evident.

It is important for students to acquire the habit of doing their own research in French–English and French–French dictionaries, and vocabulary and notes have therefore been kept to a minimum. They should likewise be encouraged to look up specific points in a reference grammar, taking particular note of the examples provided. Such research is obviously necessary for some of the exercises in Sections 2 and 3 of each unit. However, there are certainly occasions when initial guidance from the teacher is to be recommended.

In both Sections 2 and 3 I have sought to provide exercises similar in pattern and style to proposed or actual language paper questions and give students practical experience that should help them in their preparation.

With regard to the grammar revision, I have included those points I consider essential at this level, extending practice in areas where students often have difficulty. Translation from English has been generally avoided since its inclusion usually creates extraneous problems. Apart from that, the application of basic rules in a French setting helps to focus attention more closely on the French. More time and effort is now being devoted to raising standards of oral proficiency. Greater fluency, however, does not necessarily mean accuracy in the written form of the language, and the need to practise the main points of grammar remains.

Section 4 of each unit, testing both structure, phrases and individual items of vocabulary, is intended to consolidate what has gone before, ensuring re-use and manipulation of the material.

The task of writing essays in French is not under consideration here, though some of the reading comprehension passages might well serve as a basis for essay-work, in which case a certain amount of the relevant vocabulary would be immediately available.

The appendix contains a recently set A Level paper, which will provide a useful basis for revision, and which should give some idea of the desired level of attainment.

In conclusion, I should like to acknowledge with gratitude the generous and valuable assistance of Mrs Alba Williams, who read through the material at each stage, and of my wife, who typed the manuscript.

J.P.
September 1987

UNIT 1

—— SECTION 1 ——

Translate the following passage into English:

Maigret goes for a quiet drink

La ville était comme morte, et le casino, faute de clients, avait déjà éteint ses lumières. A
un coin de la rue, il n'y avait qu'un bar éclairé, qui devait rester ouvert l'hiver pour les gens
du pays.

    Maigret marqua un temps d'arrêt sur le trottoir, parce qu'il avait soif. Dans la lumière
jaunâtre qui régnait à l'intérieur, il aperçut la silhouette qui lui devenait familière de Théo   5
Besson, toujours aussi anglais d'aspect dans un complet de tweed. Il tenait un verre à la
main, parlait à quelqu'un debout à côté de lui, un homme assez jeune, en costume noir,
comme les paysans en portent le dimanche, avec une chemise blanche et une cravate
sombre, un garçon au teint violemment coloré, à la nuque tannée. Maigret tourna le bec-
de-cane, s'approcha du comptoir sans les regarder et commanda un demi.   10

    Maintenant, il les voyait tous les deux dans le miroir qui se trouvait derrière les
bouteilles, et il crut surprendre un regard de Théo qui ordonnait à son interlocuteur de se
taire. De sorte que le silence pesa dans le bar où, le patron compris, ils n'étaient que
quatre, plus un chat noir couché en rond sur une chaise devant le poêle.

    'Nous avons encore du brouillard,' finit par dire le tenancier. 'C'est la saison qui veut ça.   15
Les journées n'en sont pas moins ensoleillées.' Le jeune homme se retourna pour
dévisager Maigret qui vidait sa pipe en la frappant contre son talon et qui écrasait les
cendres chaudes dans la sciure. Il y avait une expression arrogante dans son regard, et il
faisait penser à ces coqs de village qui, ayant quelques verres dans le nez un soir de noce
ou d'enterrement, cherchent à provoquer une bagarre.   20

> Georges Simenon,
> *Maigret et la vieille*
> *dame* Presses Pocket

Vocabulary
le bec-de-cane   door handle
un demi   glass of beer (about ½ pint)
le tenancier   proprietor (bar, hotel, gaming house)
le poêle   stove (*la* **poêle**   frying pan)
la sciure   sawdust (*cp* **la scie**   the saw, **scier**   to saw)
ayant quelques verres dans le nez   having had a few (drinks)
une bagarre   brawl, rough house

—— SECTION 2 ——

(A)   Read these five extracts from an article in **Paris Match**, and then answer in English
the questions that follow, including all relevant details.

La femme de chambre

*Dominique Lempereur s'est fait embaucher dans trois hôtels sans dire qu'elle était
journaliste et elle vous raconte comment on vit dans ces coulisses.*

J'ai passé une robe simple de coton, gardé les yeux et les cheveux au naturel. Il est 15
heures. Mon rôle de petite étudiante en mal d'argent et de soleil, désirant se placer comme
5   femme de chambre dans un hôtel 'pour la saison' commence. J'ai mes diplômes en poche
et la pâleur des rats de bibliothèque. Mais il y a quand même ce petit pincement au cœur,
cette légère angoisse d'être démasquée . . .

Ma chambre, c'est un couloir aveugle de cinq mètres carrés, large d'environ 1m. 50. Les
murs ont dû être blancs, mais aujourd'hui ils tiennent plutôt d'une œuvre tachiste. Je ne
10   sais qui a habité avant moi ce paradis de roman-photo, mais il sent mauvais et est plein de
poussière. Mon nouveau royaume se compose d'une glace maculée, d'une table de
formica boiteuse, de trois cintres sous une planche de contre-plaqué, de deux lits de fer
superposés aux matelas douteux et d'un petit lavabo. Joëlle, la lingère rousse et frisée,
m'a donné deux draps, une taie d'oreiller et deux serviettes de toilette, contre un reçu
15   signé. 'Vous pouvez vous installer,' et elle a refermé la porte . . .

La chambre 14 était tellement en désordre que je ne pouvais pas passer. Toutes les
valises étaient répandues par terre. Ils avaient certainement perdu quelque chose hier au
soir. Ou je marchais sur leurs affaires ou mon plateau valsait. J'ai choisi la première
solution . . . Puis ce fut la dame du 10 avec ses deux petites filles, des luronnes qui à neuf
20   heures du matin avaient déjà passé leur bouée et étaient fin prêtes pour la plage . . . 'On
veut pas de chocolat. – Vous boirez votre chocolat, sinon on ne va pas à la plage.' Elles
avaient dû y aller hier, car il y avait tellement de sable sur la moquette qu'on aurait pu faire
un château . . .

Mon après-midi fut consacré aux chambres. On me présenta Marinette, solide
25   Tropézienne au franc-parler. Tout de suite, elle me tutoya : 'Alors, tu veux faire la femme
de chambre, tu sais, c'est pas bien rigolo' . . . La première chose qu'elle faisait était de
ramasser toutes les affaires qui traînaient et de les ranger sommairement au fond de
l'armoire. 'Non mais, ils pourraient pas ranger leurs affaires!' Puis le lit, puis la poussière,
puis la salle de bains. 'Regarde-moi comme ils sont sales, cela leur ferait mal au poignet
30   de passer deux gouttes d'eau dans la baignoire après leur bain . . .' Toute la journée, c'était
la même rengaine. Elle râlait mais, après son passage, toutes les chambres étaient
impeccables . . .

La cuisine, c'était pire que la chambre des machines d'un bateau. Cinquante degrés et,
en plus, l'âcre odeur de la fumée des grillades. On ne pouvait respirer, les yeux brûlaient.
35   Entrer, sortir, entrer, sortir: pendant cinq heures les serveurs n'arrêtaient pas. Et les clients
osaient râler quand ils devaient patienter cinq minutes. Le client qui a faim est toujours de
mauvaise humeur mais, au moins, sa commande est vite prise. Ce n'est pas comme
l'indécis, qui sur chaque plat récite une tirade de poésie ou raconte sa vie. Quant aux gens
qui ont juste en poche de quoi dîner, menu, vin, tout est calculé à l'avance; on sent
40   seulement une légère angoisse dans leur regard quand on leur apporte l'addition. Huit
serveurs, deux commis, deux maîtres d'hôtel et moi qui faisais tout et rien, la fine équipe.
Tous me protégeaient. Jamais je n'ai entendu un mot au-dessus de l'autre. Le cuisinier
m'expliquait comment ne pas me brûler. Si des clients rouspétaient, le maître d'hôtel
volait à mon secours. Si j'étais embarrassée à desservir, tous m'aidaient. Et la patronne
45   venait me faire la causette: mes études, mes parents, si je n'étais pas trop fatiguée. Quand
ils me voyaient peiner, ils venaient m'aider en se moquant de moi. A minuit et demi, le soir,
on n'en pouvait plus. Il restait les nappes à plier, les chaises à ranger et les tables à
pousser. Nous nous en acquittions dans le silence de l'épuisement. Cela ne nous
empêchait pas d'aller tout de même boire un pot ensuite . . .

Dominique Lempereur
Le Journal de Votre Femme de Chambre, Paris Match

Vocabulary
embaucher   to hire, take on
tachiste   tachist (style of painting of which '*taches* de
   couleur' are an essential element)
le contre-plaqué   plywood

valser   to go flying (in this context)
la luronne   tomboy
pas bien rigolo   not much fun
la même rengaine   the same old story
râler   to moan, bellyache (in this context)
le commis   assistant head waiter (in this context)
rouspéter   to grouse, grumble

1   What two reasons is the journalist ready to give for wanting the job? What has she done to make herself look like a student?
2   What else might make an employer think of her as a student?
3   What is the one thing giving her cause for some concern?
4   Which two references to her room show heavy irony?
5   What evidence has she for thinking that the previous occupant neglected the room?
6   What details are given of Joëlle's appearance?
7   For what items does the journalist sign a receipt?
8   When she took breakfast to room 14, what problem faced her?
9   On seeing them, how would one know the little girls in room 10 were ready for the beach?
10   What suggests that this was not their first visit to the beach?
11   What did she and Marinette find on entering the first bedroom?
12   What incurred Marinette's displeasure in the bathroom?
13   From this brief glimpse of her, what do we learn about Marinette?
14   Explain fully why the author disliked being in the kitchen.
15   Give three examples of the support given her by other members of the staff during her restaurant service.

(B)   Provide your own explanation, in French, of the following words and phrases:
le/la journaliste   la femme de chambre   la lingère   le maître d'hôtel
une armoire   l'addition   desservir   se placer

(C)   Re-arrange the words in the right-hand column so that they are opposite words (taken from the extracts) in the left-hand column to which they are very close in meaning.

impeccable	à peu près
se composer de	hésitant
tenir de	miroir
environ	bouclé
les affaires	autrement
désirant	ressembler à
frisé	néanmoins
sinon	irréprochable
quand même	les vêtements
glace	consister en
indécis	aussitôt
tout de suite	souhaitant

(D)   Study carefully the following list of 20 words presented in random order. Then write out the passage below the list, completing the sense by inserting one word in each blank space. Do not use any word more than once.

pendant	s'éloigna	direction	allait
point	se	tort	lendemain
poser	heures	milieu	lui
enfonçant	pas	avait	rester
de	pensées	scène	nouveau

Et, _____ les mains dans ses poches, il _____ à grands pas dans la _____ de la ville.

Des _____ confuses roulaient dans sa tête et, maintenant qu'il l'avait quittée, cent questions lui venaient, qu'il n' _____ pas eu l'idée de lui _____. Il se reprochait de lui avoir permis _____ s'en aller le _____ matin et fut sur le _____ de revenir sur ses _____ pour lui donner l'ordre de _____.

N'avait-il pas eu _____ aussi de laisser les deux femmes ensemble _____ la nuit? La _____ de l'après-midi n'allait-elle pas se reproduire avec une acuité nouvelle, une violence plus dangereuse?

Il _____ réjouissait de revoir Valentine, de _____ parler, d'être à _____ assis dans son salon minuscule au _____ des bibelots innocents.

A neuf _____, il rencontrerait ce bruyant Charles Besson, qui _____ lui casser les oreilles.

In Simenon's novel the above passage immediately precedes the one chosen for Section 1.

(E)   Incorporating any words and phrases given in brackets, write new sentences which have a meaning as close as possible to that of the original.

1   Mon rôle de petite étudiante en mal d'argent et de soleil commence. (jouer le rôle – avoir besoin de)
    Je commence à . . .
2   La chambre était tellement en désordre que je ne pouvais passer. (régner – trouver impossible de)
    Un tel . . .
3   La première chose qu'elle faisait était de ramasser toutes les affaires qui traînaient.
    Tout d'abord . . .
4   Mon après-midi fut consacré aux chambres. (passer – faire)
    Je . . .
5   Après son passage, toutes les chambres étaient impeccables. (les nettoyer – sans exception)
    Quand elle . . .
6   Et les clients osaient râler, s'ils devaient patienter. (audace – se plaindre – falloir)
    Et les clients . . .
7   On sent une légère angoisse dans leur regard quand on leur apporte l'addition. (l'impression – regarder – oeil inquiet)
    En leur . . . , on . . .

─────────────────── **SECTION 3** ───────────────────

(A)   Give the infinitive of the verbs related to the following list of words met in Sections 1 and 2:

teint	sciure	étudiante	pâleur	blanc
boiteuse	tu	bain	poche	reçu

Make suitable use of the verbs you have listed to complete the ten sentences that follow:

1   A la marée haute il est dangereux de se _____.
2   J'ai décidé de _____ cette jupe en bleu.
3   J'espère bien qu'on me _____ à cet examen.
4   Il s'est coupé le pouce en _____ du bois.
5   Lesquels des auteurs du programme avez-vous déjà _____?
6   On est moins formaliste qu'autrefois; les jeunes professeurs _____ les élèves en classe maintenant.
7   Il entra en _____ et s'excusa de son retard; son pied lui faisait toujours mal.
8   Elles _____ en entendant la nouvelle de l'accident et se rendirent à l'hôpital aussitôt.
9   Il a pris la monnaie en remerciant poliment le commerçant et l'a _____.
10 Il s'aperçut que la plupart des vieilles maisons étaient _____ à la chaux.

Before undertaking the next two exercises, check in a reference grammar the main functions of definite and indefinite articles, studying carefully the examples provided.

(B)   Use 'à' or 'de' with the definite article to complete the following sentences, choosing your preposition with care.

1   Savez-vous jouer _____ échecs?
2   Vous souvenez-vous _____ nom _____ auteur?
3   La plupart _____ voyageurs vont jusqu' _____ Havre.
4   Le vieux mendiant _____ pardessus tout fripé demandait _____ argent _____ passants.
5   'Moi aussi, j'aurais voulu pouvoir jouer _____ violon,' dit-il _____ jeune Américaine.
6   Le maître d'hôtel demanda _____ serveurs de se dépêcher à cause _____ attitude _____ famille belge.
7   Grâce _____ voisins, qui avaient alerté les pompiers, l'incendie fut vite éteint.
8   Elle a hérité _____ bijoux de sa tante, qui est morte _____ États-Unis il y a six mois.
9   Il faut penser surtout _____ confort _____ clients.
10 Je te remercie _____ cadeau qui me fait très plaisir. Amuse-toi bien _____ Portugal!
11 La femme de chambre _____ cheveux roux se trouvait dans l'encadrement de la porte. _____ main elle tenait un aspirateur.
12 _____ fond _____ armoire il y avait _____ chaussures couvertes de boue.

(C)   The articles (definite or indefinite according to meaning) have all been omitted from the sentences that follow. Rewrite the sentences inserting articles where you consider them necessary.

1   Moi, je ne voudrais pas être professeur malgré longues vacances et heures de travail favorables.
2   Samedi son père, qui est d'ailleurs mécanicien expérimenté, a habitude de faire grasse matinée.
3   Notre séjour dans Finistère commencera onze juin.
4   Petite Agnès était douée de mémoire remarquable.
5   Sans argent que nous lui avions prêté, il ne se serait pas débrouillé, car il n'avait plus moyens de se payer billet de chemin de fer.
6   Nous avons eu congé semaine dernière, puisque c'était Toussaint.
7   Quelle déception! Pourquoi étrangers parlaient-ils espagnol? Et moi qui apprenais anglais!

8   A Pentecôte elle a eu accident: elle s'est cassé jambe droite et a dû passer reste des vacances à lit.

9   On transmit nouvelle à général Weygand qui se contenta de hausser épaules.

10   Tout monde a impression qu'Anglais adorent chiens.

11   Quand je lui en ai demandé prix, elle a répondu, sans même tourner tête: '12 francs kilo'.

12   Mains dans poches, air désinvolte, patron promena son regard sur personnel réuni dans bureau.

(D)   Paying close attention to the pronouns, the expressions of time, and tenses, turn the following direct into indirect speech.

1   Elle leur expliqua : 'Je me rappelle l'avoir rencontré à Biarritz la semaine dernière.'
Elle leur expliqua qu'elle . . .

2   Et il ajouta : 'J'espère bien m'y rendre demain matin.'
Et il ajouta qu'il . . .

3   Elle déclara, en les regardant de près : 'Je vous ai vus tous deux hier matin quand je me promenais au bord du lac.'
En les regardant de près, elle déclara qu'elle . . .

4   L'air furieux, il dit au commis : 'Le steak que votre serveuse vient de m'apporter est trop cuit.'
L'air furieux, il dit au commis que . . .

5   Elle dit aux enfants : 'N'oubliez pas que votre père a promis de vous en rapporter quand il rentrera la semaine prochaine.'
Elle dit aux enfants de . . .

6   Il demanda à la femme de chambre : 'Est-ce que vous vous souvenez des Parisiens qui sont partis avant-hier?'
Il demanda à la femme de chambre si . . .

--------- **SECTION 4** ---------

The short retranslation passages that follow are based on the vocabulary of Sections 1 and 2 and include some of the grammar points revised in Section 3.
Translate these passages into French.

(A)   The proprietor was standing by the window, with[1] a newspaper in his hand, when the inspector came in and headed for the counter without even greeting him. The swarthy[2]-complexioned girl from Nice[3], who had served him the previous evening, was busy polishing some wine-glasses[4]. He thought he detected a sudden expression of uneasiness in the glance she gave[5] him.

Notes
1   Omit 'with' in such expressions
2   Use 'basané'
3   Cp. 'le jeune Lyonnais' – the boy from Lyons
4   Cp. 'une tasse de café' and 'une tasse à café'
5   Which verbs are normally used with 'regard' or 'coup d'œil'?

(B)   There was a strong smell of tobacco in the attic to which the proprietress had taken[1] her, and she could see[2] a thick layer of dust on all the furniture. She put down the heavy suitcase with a sigh[3] and sat down on the rickety chair, feeling[4] rather despondent. 'It is to be hoped[5] that the guests' rooms don't look like this one,' she thought.

Notes

1 Do not use 'prendre'
2 As a rule, it is not necessary to translate 'could' with 'voir, entendre'
3 Use 'en' + present participle
4 Normally '*se* sentir' + adjective
5 *Cp.* 'il est à craindre'

Vocabulary
la mansarde
la couche
déprimé, découragé

(C)   A few hours later she was on duty in the restaurant. The head waiter, a bald man of about fifty[1], had advised her to be polite, to look happy, and, at all costs, to smile. 'Some of the guests find it[2] almost impossible to wait patiently, others never stop complaining,' he explained. He stooped to look more closely at one of the spoons. 'Don't worry! We shall come to the rescue, if there are any problems,' he added.

Notes

1 *Cp.* 'un homme d'une trentaine d'années'.
2 *Cp.* 'je juge (crois, considère) impossible de' + inf. ('it' understood).

Vocabulary
être de service
chauve
à tout prix
se pencher
regarder de près

UNIT 2

─── SECTION 1 ───

Translate the following passage into English:

Watching the world go by

La journée a tourné encore un peu. Au-dessus des toits, le ciel est devenu rougeâtre et, avec le soir naissant, les rues se sont animées. Les promeneurs revenaient peu à peu. J'ai reconnu le monsieur distingué au milieu d'autres. Les enfants pleuraient ou se laissaient traîner. Presque aussitôt, les cinémas du quartier ont déversé dans la rue un flot de
5   spectateurs. Parmi eux, les jeunes gens avaient des gestes plus décidés que d'habitude et j'ai pensé qu'ils avaient vu un film d'aventures. Ceux qui revenaient des cinémas de la ville arrivèrent un peu plus tard. Ils semblaient plus graves. Ils riaient encore, mais de temps en temps, ils paraissaient fatigués et songeurs. Ils sont restés dans la rue, allant et venant sur le trottoir d'en face. Les jeunes filles du quartier, en cheveux, se tenaient par le bras. Les
10 jeunes gens s'étaient arrangés pour les croiser et ils lançaient des plaisanteries dont elles riaient en détournant la tête. Plusieurs d'entre elles, que je connaissais, m'ont fait des signes.
    Les lampes de la rue se sont alors allumées brusquement et elles ont fait pâlir les premières étoiles qui montaient dans la nuit. J'ai senti mes yeux se fatiguer à regarder les
15 trottoirs avec leur chargement d'hommes et de lumières. Les lampes faisaient luire le pavé mouillé, et les tramways, à intervalles réguliers, mettaient leurs reflets sur des cheveux brillants, un sourire ou un bracelet d'argent. Peu après, avec les tramways plus rares et la nuit déjà noire au-dessus des arbres et des lampes, le quartier s'est vidé insensiblement, jusqu'à ce que le premier chat traverse lentement la rue de nouveau déserte. J'ai pensé
20 alors qu'il fallait dîner. J'avais un peu mal au cou d'être resté longtemps appuyé sur le dos de ma chaise.

Albert Camus,
L'Étranger, Le Livre de Poche

─── SECTION 2 ───

(A)   Read carefully the following passage and then answer the questions on it, in English:

Le problème des vacances

Les vacances aussi ont besoin d'imagination. On se lasse plus vite encore de ne rien faire que de travailler et beaucoup de gens, qui avaient cru découvrir le paradis terrestre dans l'horizontalité sur les plages ensoleillées, en sont revenus.
    La surprise n'est pas forcément au bout du monde. Le plaisir de la découverte non plus.
5   Les randonneurs vous le diront. Ils ont résolu, eux, le problème des embouteillages, de la limitation de vitesse, de la ceinture de sécurité. Aucune loi n'interdit au piéton de pousser son moteur à fond. Il a d'ailleurs toujours le 'pied au plancher'.
    Il existe en France dix mille kilomètres de sentiers balisés empruntés chaque année par plus de cent mille randonneurs. Des guides spécialisés nous apprennent qu'on peut, par
10 exemple, aller en quinze jours de Dijon à Carcassonne sans rencontrer une seule

8

automobile, qu'on peut découvrir un parc régional, Vercors ou Cévennes, en huit jours et que trois suffisent pour le Cotentin. La formule 'gîte-chambre d'hôte' offre le toit pour la nuit et le petit déjeuner aux piétons itinérants, avec son prolongement en table d'hôte. On couche chez l'habitant, dans une ferme plus ou moins confortable, mais à bas prix.

Les chemins de randonnées équestres sont déjà plus connus. Leur succès est énorme   15
auprès des cavaliers. Un nouvel engouement pour la bicyclette a récemment amené la Chambre syndicale du Cycle à réclamer la transformation en pistes cyclables des chemins de halage et des voies de chemin de fer désaffectées. En attendant, quelques clubs proposent aux touristes pédalants des itinéraires pittoresques, par de petites routes peu fréquentées et semées d'auberges raisonnables.   20

France Informations

Vocabulary
en revenir   to lose enthusiasm for it (in this context)
le randonneur   rambler, hiker
balisé   marked out
emprunter   to take, use (road, path) *not* 'to borrow' here
l'engouement(m)   the craze
le chemin de halage   the towpath

1   What holiday 'activity' have many people abandoned, and why?
2   What three problems have hikers left at home along with their cars?
3   How long does the hike from Dijon to Carcassonne take?
4   Why, on such a hike, is one unlikely to see any cars?
5   Give details of the accommodation available en route.
6   What steps have been taken to offer cyclists facilities similar to those enjoyed by pony-trekkers?

(B)   In the following passage another form of holiday-making is considered. Read it carefully and answer the questions below in English:

Où faire du camping sauvage?

Avant de vous installer, vérifiez que le camping est autorisé à l'endroit que vous avez choisi. Les maires n'ont pas le droit de l'interdire sur la totalité de leur commune. Entendez-vous avec le propriétaire du terrain sur la durée et les conditions de votre séjour. Tantôt il vous fera payer une location, tantôt il vous proposera de vous approvisionner chez lui. A la différence du campeur en camp, vous n'avez pas à redouter la promiscuité.   5
La loi interdit en effet qu'il y ait plus de 20 campeurs et 6 installations par terrain non aménagé (3 installations seulement sur presque tout le littoral). Sous réserve de l'autorisation du propriétaire du sol, vous pouvez camper toute l'année sur l'ensemble du territoire français à l'exception des 'bandes de terrain balayées par les marées, des routes, places et voies publiques (et leurs abords), des endroits situés dans un rayon de 200m   10
des points d'eau captée pour la consommation, des sites classés ou protégés, et à moins de 500m d'un monument historique'. Cette année, à cause de la sécheresse, le camping sauvage est interdit dans de nombreuses communes. Renseignez-vous.
Dans les forêts domaniales, une autorisation de l'Office national des forêts est obligatoire, ainsi qu'une carte d'adhésion à une société agréée par cet organisme. Cette   15
année, en principe, à cause de la sécheresse, le camping forestier sera probablement interdit tout l'été.
Pour ne pas causer ou subir de dégâts qui pourraient être considérables, évitez tout ce qui est susceptible de provoquer un incendie. Ne plantez pas votre tente ni sous un arbre isolé (foudre) ni dans un creux (inondation).   20

Comment faire suivre vos lettres?

have your mail sent

Vous pouvez faire adresser votre courrier sous votre tente à condition que celle-ci soit plantée sur le parcours habituel du préposé. L'enveloppe devra porter un maximum d'informations, afin qu'il puisse vous trouver aisément. Par exemple: M. X, campeur, département numéro, commune de . . ., champ de M. X, 8e châtaignier à droite, tente
25 rayée bleu et jaune . . .

so that   usual route   easily   chestnut tree

Paris Match

Vocabulary
une forêt domaniale   a State forest
les dégâts(m)   damage
le préposé   postman
le châtaignier   chestnut tree
classé   scheduled as of historic interest

une balise – à bouy

1   What information should you give the owner of the land on which you camp?
2   What may he require of you in exchange?
3   List the places where 'le camping sauvage' is at all times forbidden by law.
4   Why have campers found it difficult to find a site this year?
5   Where are you advised not to pitch a tent, and for what reason?
6   If you wish to receive mail whilst camping, where must you erect your tent?

(C)   Which words found in the translation passage fit the following definitions?

section

1   espace plus élevé que la chaussée et ménagé sur les côtés d'une rue pour la circulation des piétons   *le trottoire*   *the road*
2   absorbé dans une rêverie mêlée de préoccupations   *songeurs*
3   partie d'une ville   *le quartier*
4   propos qui fait rire   *plaisanteries*
5   rendu humide   *mouille*
6   anneau encerclant le poignet ou le bras et servant d'ornement   *un bracelet*
7   l'espace de temps compris entre le lever et le coucher du soleil   *la journée*
8   d'une façon imperceptible   *insensiblement*
9   passer à côté de, en allant en sens contraire   → *croiser*

(D)   Explain, in French, the meaning of the following words and phrases taken from the two reading comprehension passages:
seat belt   *drought*
la ceinture de sécurité   le petit déjeuner   la sécheresse   le camping sauvage
un embouteillage   le maire de la commune

(E)   List the nouns related to the following adjectives or past participles (used adjectivally) that occur in the two reading comprehension passages:

le domain   la terre   le soleil   une balise – bouy   la région   le confort
domanial   terrestre   ensoleillé   balisé   régional   confortable
raisonnable   balayé   historique   forestier   habituel   rayé
la raison   le balai   l'histoire   la forêt   l'habitude   la raie partie

Now use the 12 nouns you have listed to complete suitably the sentences below:

1   C'est une véritable sorcière; il ne lui manque qu'un manche à *balai*   *witch   handle*
2   Après deux heures de marche ils se trouvèrent en pleine *forêt* et, arrivés à une clairière, firent leur pique-nique.   *heart*
3   Je me rappelle avoir été plus fort en géographie qu'en *histoire*

4 Pour entrer au port on n'avait qu'à suivre les ___.
5 Dans le ___ de la chimie Lavoisier a joué un rôle de première valeur.
6 ___ en vue!' cria le mousse du haut du mât.
7 La ___ des plus forts est toujours la meilleure. (proverb)
8 Ils ont passé leurs vacances dans la ___ de Quimper.
9 Quand j'étais enfant, je portais la ___ à gauche; maintenant que je suis tout chauve.
10 Il avait l' ___ de se lever tard le dimanche.
11 C'est un hôtel qui offre tout le ___ moderne.
12 Le ___ luit pour tout le monde. (proverb)

(F) Rewrite the following sentences replacing the words and phrases underlined by words and phrases you have met in 2(a) and 2(b). These substitutions may entail grammatical changes.

e.g. 'c'est un hôtel à prix modérés'
becomes
      'c'est un hôtel raisonnable'

1 Elle a acheté ses provisions à l'alimentation du camping.
2 Elle adorait faire de longues promenades à cheval.
3 C'était une rue où il y avait normalement peu de monde.
4 Le chemin qu'il avait décidé de suivre menait à la côte.
5 Le fermier ne leur permet pas de camper sur son terrain.
6 Ces produits peuvent être utilisés sur toutes les surfaces.
7 Il n'est pas descendu du car qu'il avait l'habitude de prendre.
8 Grâce à sa lampe de poche il a repéré sans difficulté les gants perdus.
9 En raison de la pluie torrentielle ils ont dû remettre au lendemain leur départ.
10 Il a vu beaucoup de touristes sur la plage.

(G) Insert the following 20 words, presented in random order, in the blank spaces of the passage below, to complete the sense. Use each of the words once only.

pèse	emmener	interdits	en
genoux	que	là	pas
être	trajets	voyage	au
frais	dès	certificat	à
insolations	avoir	protéger	des

Si vous avez la très bonne idée d' ___ vos animaux familiers en vacances, voici ce ___ vous devez savoir.

Dans presque tous les autocars les grands chiens sont ___. Les petits doivent être placés dans un sac ou un panier et payer place entière. Pour les ___ en train, votre chien vous coûtera un billet demi-tarif en seconde classe. ___ revanche, les chats voyagent gratuitement dans leur sac ou leur panier. La présence d'un chien si vous prenez l'avion est tolérée dans la cabine à condition qu'il ne ___ plus de 6 kilos.

En voiture, laissez votre chien s'installer ___ où il préfère. S'il est petit et si c'est son premier voyage, prenez-le sur vos ___. Lors des arrêts et si vous n'avez pas l'intention de le sortir, entrouvrez-lui les vitres et évitez les stationnements ___ soleil.

Le chat, en voiture, doit ___ tenu sur les genoux du passager ou enfermé dans son panier. Ne ___ s'inquiéter s'il n'a pas d'appétit. Il mange rarement en ___.

Si vous allez ___ l'étranger, prévoir la vaccination anti-rabique et contre la maladie de Carré. Pensez au ___ de bonne santé pour le retour en France.

En toutes occasions, le célèbre vétérinaire Philippe de Wailly vous conseille de veiller à protéger vos animaux de la chaleur. Les _insolations_ peuvent provoquer une congestion cérébrale suivie de convulsions. _Dès_ que vous observez un tel état, arrosez la tête du chien ou du chat avec de l'eau froide. Appliquez _des_ compresses glacées après _avoir_ placé l'animal dans un local _frais_ et sombre en attendant la venue du vétérinaire.

place

Maggie Kosnar, *Paris Match*

———— SECTION 3 ————

Before undertaking the first two exercises, consider carefully the use made of the partitive article and the various expressions of quantity. Note particularly those occasions when the full partitive is shortened to 'de (d')', and bear in mind the need for 'de (d')' before an adjective following 'quelqu'un, personne, quelque chose, rien' and 'ce que' (e.g. 'personne *de* blessé, ce qu'il y a *d'*intéressant').

(A) Insert 'du, de la, de l', des' or 'de (d')' . These words do not retain their partitive function in every case.

1   Elle sortit de chez le boulanger, _des_ baguettes sous le bras. Elle aurait dû acheter _des_ petits pains aussi.
2   Elle a été très contente d'avoir _de_ ses nouvelles.
3   Il faisait _du_ cent à l'heure quand les motards lui firent signe de s'arrêter.
4   'Non, ce ne sont pas _des_ moutons, mon petit, ce sont _des_ chèvres,' expliqua-t-elle.
5   Quant au dessert, elle n'avait que _du_ grape raisin à leur offrir.
6   Il y a eu _de_ nombreux accidents dans ce virage. J'en ai vu _____ mortels.
7   La plupart _des_ randonneurs préfèrent coucher dans un _des_ nombreux gîtes qu'on trouve à intervalles réguliers.
8   Il faut choisir _des_ artichauts à feuilles écartées et enlever la première rangée _de_ feuilles près de la queue.
9   Ayant _des_ examens à passer il n'a guère eu _de_ loisirs ces derniers temps.
10 _Des_ jeunes filles descendaient la rue en bavardant comme _des_ pies.
11 Puisque l'épicier n'avait plus _de_ Brie, il acheta _du_ Camembert.
12 En empruntant _de_ petits chemins, loin _des_ autoroutes, on voit très peu _d'_ autos.

(B) To complete the sense of these sentences insert 'du, de la, de l', des' or 'de (d')' where necessary:

1   'Encore vin, Jean-Paul? Nous avons largement le temps; le train part dans trois quarts heure.'
2   Dans le potager il cultivait pommes terre et autres légumes.
3   Que bruit! Il se passe quelque chose anormal dans la cour. Où est le surveillant?
4   Il avait bien peine à se faire entendre; la plupart spectateurs hurlaient injures et l'un eux se battait avec agents.
5   Je parie qu'il n'y a personne mieux renseigné que notre voisine.
6   Il tombait neige et gros flocons frôlaient la fenêtre du séjour.
7   Beaucoup candidatures avaient été reçues, mais il fallait quelqu'un plus expérimenté.
8   Chaque année il y a davantage voitures, ce qui explique le nombre croissant accidents.
9   C'étaient simples soldats en permission, et plusieurs entre eux portaient sacs voyage.

exceptions to the exceptions
des jeune filles / des petits pains / des petits pois

10   Cette année il y a moins filles que garçons en première.
11   Ce qu'il y a différent, c'est l'absence bruit.
12   Dans le coffre il y avait matériel camping.

(C)   Complete these sentences by inserting, suitably, 'en, sur' or 'dans':

1   Une fois arrivé _sur_ les lieux, l'inspecteur interrogea les deux témoins.
2   Ils se rappelèrent avoir croisé la victime de l'attaque _dans_ l'escalier.
3   On nous avait invités à une réception donnée _en_ l'honneur du Président.
4   _Dans_ un mois nous n'habiterons plus _en_ banlieue.
5   _En_ un clin d'œil la table fut desservie.
6   En voyant _dans_ son assiette des escargots la jeune Anglaise pâlit.
7   La fenêtre de sa chambre donnait _sur_ le boulevard.
8   Les manifestants arrivèrent _en_ foule _sur_ la place.
9   _Sur_ les milliers d'étudiants qui ont défilé dans les rues le mois dernier, pas un seul n'a été arrêté.
10   Il prit _dans_ sa poche un mouchoir et s'essuya le front.
11   Prenons le T G V! Il fait le trajet _en_ deux heures.
12   _En_ août j'avais l'habitude d'aller travailler _dans_ la ferme de mon oncle.

(D)   Rewrite these sentences, replacing the infinitives in brackets by either the *passé composé*, the pluperfect or the conditional perfect, according to meaning. Before doing so, however, make sure you know which French verbs are conjugated with 'être' and under what circumstances 'monter, descendre, sortir' and 'rentrer' are conjugated with 'avoir'.

1   Dans sa lettre il disait que sa sœur et lui (partir) de Toulouse le 3 juillet.
2   'En entendant la voix du facteur je (aller) chercher le courrier que je (monter) aux locataires peu après,' déclara la concierge.
3   'Si ta sœur et toi (arriver) plus tôt, Florence, on aurait pu prendre le train de 8 heures,' dit-elle.
4   Il était six heures passées et les enfants ne (rentrer) pas encore; Madame Pasquier commençait à s'inquiéter.
5   A leur place, je ne (rester) pas si longtemps au camping.
6   Que (devenir) ils? Pourquoi n'ont-ils pas écrit?
7   Il voulait savoir où nous (tomber) sur une telle occasion.
8   Si elle (parvenir) à déchiffrer son écriture, elle aurait compris aussitôt l'importance du manuscrit.
9   S'il avait fait moins froid, elle (sortir) avec son petit-fils.
10   'Il va geler cette nuit. (Rentrer) tu la voiture?' demanda-t-elle.
11   'Ce matin, en arrivant, je (sortir) la lettre de mon sac et je la lui (remettre) tout de suite,' expliqua-t-elle.
12   'Vous (descendre) tous les bagages de Monsieur Hulot?' demanda la patronne.

SECTION 4

Translate into French the following passages, which include both vocabulary from Section 2 and grammar points from Section 3.

(A)   The Dumesnils had begun making holiday plans. This year, however, they both were aware of the need to do something new, as the children would not be going with them. In August René was hoping to go on a sailing course[1] in Brittany and Chantal would be pony-trekking in the Cévennes. Under[2] these circumstances they felt no desire to return to the sunny beaches of Arcachon, where they had previously spent many pleasant holidays together. Madame Dumesnil was going through the last brochure, whilst[3] her husband was studying the map of France. Then she suddenly remembered the camping equipment they had bought shortly after their marriage. 'Would you like to go camping, François?' she asked in[4] a hesitant voice.

Notes

1   *Cp.* 'faire un stage de tennis'
2   Not 'sous'
3   Idea of contrast here: 'pendant que' or 'tandis que'?
4   Not 'dans' with 'voix' or 'ton'

Vocabulary
avoir conscience de
ressentir
feuilleter
le matériel

(B)   After[1] putting the car away in the barn that served as[2] a garage, M. Dumesnil walked through the orchard and headed for the tent where his wife had just put away the sleeping-bags. That day they were intending to go on a much longer hike as far as the ruins of a 14th century castle that was about 8 kilometres away[3]. The farmer, M. Lemaire, had suggested to them a picturesque route that would enable them to travel on country lanes. He and his wife had given them a friendly welcome[4], when[5] they arrived. M. Lemaire had helped M. Dumesnil to pitch the tent and his wife had offered to let them have supplies.

Notes

1   'Après' is followed by the *perfect* infinitive (e.g. 'après avoir trouvé').
2   *Cp.* 'le garage servait *d*'atelier'.
3   *Cp.* 'la piscine se trouvait *à* cinq minutes de la maison'.
4   Use verb and adverb.
5   Use 'lors de' + suitable noun.

draw our
attention to
the fact that

UNIT 3

——— SECTION 1 ———

Translate the following passage into English:

Emergency

Je suis le médecin des H.L.M.*

Un mardi, où je bénéficiais de quelque répit et où je pouvais pour une fois rester plus
longtemps à table, nous déjeunions tranquillement, ma femme et moi, sans nous presser.
Soudain, je tendis l'oreille, intrigué, et, d'instinct je devinai qu'un drame était dans l'air.
Un brouhaha imprécis perçu dans le lointain témoignait d'un événement inhabituel.
Monique, par la baie de la salle de séjour, regarda vers le canal de l'Ourcq** qui barrait de   5
sombre la verdure encore intacte de la plaine de Beauval, là où s'élève maintenant la plus
grande partie de la ville nouvelle. Tout un groupe s'agitait le long de la berge. 'Quelqu'un
a dû tomber à l'eau,' me dit ma femme.

Puis la trompe à deux tons d'un véhicule de premier secours se fit entendre. La rumeur
s'amplifia, s'approcha et elle éclata dans l'escalier de l'immeuble où nous nous trouvions   10
pour aboutir sur notre palier. La sonnette de l'entrée actionnée sans arrêt, nous fit hâter
vers la porte.

Entouré d'une foule bavardant sourdement, un homme trempé était devant moi tenant
dans ses bras une petite fille ruisselante d'eau et dont les longs cheveux blonds pendaient
comme des ficelles enchevêtrées qui s'égouttaient lentement.   15

Je compris que l'enfant était tombée accidentellement dans le canal de l'Ourcq et
venait d'en être retirée par celui qui la portait. Vivement, ma femme à mes côtés, je le fis
entrer dans mon bureau. Il déposa le léger corps sur la table d'examen. Alors commença le
combat, un combat acharné, rageur, angoissé, pour ranimer le petit être. Immédiatement,
j'associai le bouche à bouche et les massages cardiaques. La sueur ruisselait de mon   20
front.

J.-L. Happert et Serge Grafteaux, *Paris Match*
1976, Éditions Jean-Pierre Delarge, 'Médecin d'H.L.M.'

* **H.L.M.**   habitation(s) à loyer modéré – council flat(s)
** **L'Ourcq**   river flowing into the Marne and linked with the Seine by the canal mentioned here

——— SECTION 2 ———

(A)   Read carefully the following passage and then answer, in English, the questions
below:

A la conquête de l'utile

Vingt-quatre milliards de dollars. Cent vingt milliards de francs. C'est la somme qu'auront
dépensée les États-Unis en dix ans pour que deux hommes puissent mettre pied sur la
une, pour la première fois, le 21 juillet 1969.

Formidable ou scandaleux? Aux États-Unis, le débat fait rage. Les adversaires du projet
font remarquer que pour éliminer la sous-alimentation chronique de seize millions   5
d'Américains pauvres, il faudrait, selon le bureau du budget des États-Unis, trois milliards

15

de dollars par an. Or le budget annuel de la Nasa s'élève à quatre milliards de dollars (vingt milliards de francs). N'aurait-il pas été plus équitable, disent-ils, d'affecter par priorité à l'élimination de la misère l'ensemble des ressources financières, techniques et
10   humaines consacrées à la conquête de l'espace?

Thomas Paine, directeur de la Nasa, a répondu à cette question lorsque je l'ai rencontré à Cap Kennedy.

'L'histoire jugera. Répartis, ces quatre milliards de dollars ne représentent pas plus de quarante cents par semaine pour chacun des deux cents millions d'habitants des États-
15   Unis: la valeur d'un paquet de cigarettes. C'est insignifiant en comparaison des bénéfices concrets que l'humanité peut recueillir de la conquête de l'espace. Je ne parle pas de 'retombées' scientifiques, telles que la découverte de matières ignifuges nouvelles, par exemple, mais bien de ce qui peut soulager les besoins immédiats de l'homme. Si l'on parvient à trouver certaines solutions inédites au problème de la faim dans le monde, ce
20   sera, en grande partie, grâce aux observations scientifiques recueillies par les satellites, sondes et autres engins spatiaux. Ceux-ci nous ont déjà permis de réaliser des progrès considérables dans le domaine de la météorologie et, par suite, dans celui de l'adaptation des cultures aux conditions climatiques.'

Ressources terrestres
25   Les appareils ultra-sensibles équipant actuellement les avions américains et les satellites facilitent le contrôle de certaines maladies des plantes.

On a ainsi pu détecter la progression de dangereux parasites qui menaçaient de détruire les récoltes de vastes régions forestières du continent américain. Les informations fragmentaires obtenues de la terre même n'auraient pas permis aux spécialistes de
30   prendre à temps les mesures qui s'imposaient.

Prise en altitude, la photographie de la surface des terres et des océans apporte des renseignements inestimables sur les ressources cachées de la terre, les ressources minérales notamment. On commence maintenant à savoir détecter, par ce procédé, la présence de certaines nappes de pétrole.

35   De l'étude de taches de couleur plus sombres sur la surface de la mer, les savants américains ont conclu à la présence d'importants bancs de poissons. Les photographies prises par l'une des capsules 'Gemini' indiquaient le lieu de résurgence d'une source d'eau douce à une quarantaine de kilomètres au large d'Hawaï, en plein océan Pacifique. Dans ces deux cas, les navires envoyés sur place ont vérifié l'exactitude ce ces
40   informations.

Les appareils spéciaux situés à bord des satellites permettent également d'étudier le déplacement des eaux de pluie ou de fonte des neiges lorsqu'elles disparaissent sous terre. Les conséquences pour l'irrigation des sols sont inestimables.

Claire Muet, *Valeurs Actuelles*

Vocabulary
milliard   1 000 million
affecter   allocate (here)
la retombée   fallout, repercussion, 'spin-off'
ignifuge   fireproof
la sonde spatiale   space probe

1   What would opponents of this project have done with the money allocated to it? Give their main reason.
2   How does Thomas Paine seek to put the amount into perspective?
3   Name the scientific discovery, resulting from current research, that is mentioned here.
4   What kind of discovery does Mr Paine consider more important still?
5   What is the link, as explained here, between satellite observations and successful farming?

5 Explain how satellite observations proved invaluable for the North American timber trade.
7 What two examples are given here of natural resources revealed by high altitude photography?
8 What information is now available to those seeking to improve irrigation?

B) Re-arrange the words in the right-hand column so that they are placed opposite words and phrases with which they are more or less synonymous.

bénéficier de	augmenter
le brouhaha	la rive
témoigner de	profiter de
vivement	paisiblement
la berge	la rumeur
dans le lointain	promptement
inhabituel	frénétique
tranquillement	au loin
se presser	entendre
rageur	insolite
percevoir	indiquer
s'amplifier	se dépêcher

C) Rewrite the sentences that follow, using words and phrases taken from the reading comprehension passage to replace those underlined in the sentences. Grammatical changes may be necessary.

1 Ceux qui s'opposent à cette politique extérieure ont manifesté hier matin devant le ministère.
2 Malheureusement la grêle avait ravagé presque toutes les vignes.
3 La France paraît riche par rapport aux pays du tiers monde.
4 Au bout de deux heures ils arrivèrent à convaincre la direction.
5 La somme qu'on a destinée au développement de cet engin spatial s'avère insuffisante.
6 Le gouvernement s'occupe en ce moment d'autres problèmes.
7 En arrivant sur les lieux il put constater l'importance des dégâts.
8 Ce qui est nécessaire maintenant, c'est une prompte réponse à cet affront.
9 L'alcool est dans une large mesure responsable de ces accidents.
10 Pour rendre son travail moins difficile il a acheté un ordinateur.

D) Complete the passage below by inserting suitably the following words:

nouveau	conquérir	vite	ferme
centre	le	vingtaine	profondément
le	désormais	du	laquelle
ouvert	celui	quitter	plan
médecins	sans	sur	fin

L'homme hors du berceau natal

La civilisation s'apprête-t-elle à quitter son berceau pour s'éparpiller dans l'univers, ou la Terre restera-t-elle le centre du monde? Une question fondamentale à laquelle vont tenter de répondre ces jours-ci une vingtaine de scientifiques et philosophes en participant à un colloque original qui s'est ouvert hier et pour trois jours à Paris . . .

On ____ sait, les Américains prévoient de reprendre pied sur la Lune à la ____ du siècle, cette fois-ci pour y installer des colonies permanentes. Le débarquement sur Mars suivra ____ doute à peine quinze ans plus tard, 'là aussi avec la ____ intention d'y établir le plus ____ possible des colonies permanentes, à finalités industrielles,' soulignent les spécialistes.

Ce sont là des perspectives étonnantes mais ____ crédibles sur le ____ technique, qui placent en fait l'homme dans la position qu'il aurait pu occuper voici cinq siècles, s'il avait su que Christophe Colomb partait pour ouvrir les portes d'un ____ monde. Ce qui explique que des biologistes, des ____, des sociologues et des philosophes de plusieurs pays sont venus au colloque pour réfléchir ____ les bouleversements qu'apportera inévitablement un tel essor de la civilisation.

Bien au-delà ____ fait de savoir à qui appartiendront les nouveaux mondes que va ____ l'homme, l'objectif du colloque est de savoir comment celui-ci va évoluer, à l'occasion ____ cette expansion dans des domaines ____ différents de ____ où il est né.

Jean-Paul Croizé, *Le Figaro*

(E)   Complete the following sentences, using words related to those in brackets at the end of each sentence:

e.g. 'Malgré cette critique ____ il a l'intention de publier le roman. (adversaire)' becomes

'Malgré cette critique *adverse* il a l'intention de publier le roman.'

1   Les ____ sont priés d'utiliser le passage souterrain. (pied)
2   Ils sont rentrés ____ après leur randonnée. (faim)
3   La ____ de leur fille affligea profondément les parents. (disparaître)
4   Au moment où les neiges commencent à ____, le risque d'avalanche augmente. (fonte)
5   Par temps ____ la ville prenait un aspect bien triste. (pluie)
6   Sous les tropiques un hôtel aux chambres ____ est préférable. (climatique)
7   Une guerre ____ n'appartient plus au domaine de l'imagination. (espace)
8   Les ____ vendent leurs primeurs avantageusement. (culture)
9   Il attachait beaucoup d'importance à l'____ de cet emploi. (obtenir)
10 C'était une île ____ où ne vivaient que quelques mouettes. (habitant)

──────────────── **SECTION 3** ────────────────

Before doing exercises (a), (b) and (c), study carefully the French reflexive verb, its formation and its main uses. It is clear from the translation passage, for example, that the infinitive of such verbs is not always preceded by 'se'. One would expect to see 'sans *nous* presser' here, but why 'nous fit hâter vers'?

(A)   Rewrite the following sentences giving a suitable form to the verbs in brackets. Bear in mind person, tense and the rules of past participle agreement.

1   On nous a conseillé de (se servir) d'un dictionnaire étymologique.
2   Après (se laver) les mains je suis descendue dans la salle à manger.
3   Pierre protesta: 'Je me demande pourquoi tu ne (se plaindre) pas au chef de rayon, Louise, quand la vendeuse a refusé d'échanger les gants.'

4 '(Se dépêcher) donc, mon petit! Ton grand-père n'aime pas qu'on le fasse attendre.'

5 S'ils (s'intéresser) à la peinture, il les emmènerait au Louvre.

6 En (s'approcher) de la mairie, vous verrez la pharmacie sur votre gauche.

7 Le professeur fit (s'asseoir) le nouvel élève au premier rang.

8 'Ne (se sentir) tu pas un peu fatigué après un si long trajet?'

9 Si l'on (se reposer) un petit moment?' suggéra Nicole. 'Je (se faire) mal au genou et je commence à avoir faim.'

10 Si elles avaient su qu'il neigerait, elles (se mettre) en route plus tôt.

11 'Ne (s'en remettre) pas à ce plombier-là, Madame! Il aurait du mal, lui, à boucher une bouteille!'

12 Il a emprunté les jumelles que son ami (se procurer) la veille au soir.

(B) Rewrite the following sentences, paraphrasing the parts in italics, using a suitable reflexive verb chosen from the ones listed below to achieve a meaning as close as possible to that of the original.

s'agenouiller	se passer de	se mettre à (+ infinitive)
se méfier de	se retourner	se heurter contre
se mettre en route	se passer	s'efforcer de (+ infinitive)
se taire	s'évanouir	se hâter de (+ infinitive)
s'apercevoir de	s'égarer	se tromper (de)

e.g. 'Le pauvre mari, dont on opérait d'urgence la femme, *essayait de* rester calme.'
becomes
   'Le pauvre mari, dont on opérait d'urgence la femme, *s'efforçait de* rester calme.'

1 Il leur demanda ce qui *était arrivé*.

2 Au passage du corbillard les femmes, qui faisaient leur marché, *cessèrent de parler*.

3 Elle *se mit à genoux* pour donner les premier soins au chauffeur du camion.

4 Nous avions l'intention de *partir* dès l'aube.

5 Après la consultation il se rendit compte qu'il fallait *renoncer à* fumer.

6 A cause du verglas le taxi dérapa et *entra en collision avec* le poteau indicateur.

7 On *ne lui fait pas confiance*.

8 De toute évidence ils *avaient perdu leur chemin*.

9 En voyant l'homme masqué elle faillit *perdre connaissance*.

10 La concierge *avait commencé* à balayer la neige.

11 Les premières gouttes de pluie tombaient; il *fit demi-tour* et disparut dans la station de métro.

12 Tout essoufflés, ils arrivèrent enfin au dernier étage. 'Ce n'est pas le moment de vous dire que *j'ai pris la mauvaise clef*!' dit-il.

(C) Bearing in mind the distinction made in French between actions to and actions with parts of the body, – e.g. '*se laver les mains*' (action *to*, verb reflexive) compared with '*lever la main*' (action *with*) – complete the following sentences, using the correct form and tense of an appropriate verb (which may or may not be reflexive).

1 La jeune fille entra en boitant dans le vestiaire; elle _____ la cheville.

2 Pour mieux voir ce qui se passait il _____ le cou.

3 Pour toute réponse, il ne fit que _____ les épaules.

4 Elle _____ le doigt en ouvrant la boîte et est allée chercher un sparadrap.

5 Le trottoir est tellement glissant que vous risquez de _____ la jambe.

6 Il faisait bien chaud dans la serre; il sortit en _____ le front.

7 La cicatrice le démangeait maintenant; il aurait voulu pouvoir _____ le dos.

Lave-toi

8 '_____ les mains et le visage, Jean-Paul! Et fais vite! J'attends nos invités d'un instant à l'autre.' *any minute now*

9 En entendant prononcer le nom de son beau-père, il _____ les oreilles. *a tendu*

10 Ils _____ la tête depuis des heures, mais ils étaient toujours loin de résoudre le problème. *se sont cassé* — *they racked their brains*

11 Malgré la piqûre *injection*, la douleur devenait insupportable; il _____ les dents et se cramponna à la chaise. *a serré* / *gritted* — *cling*

12 Le professeur *a levé* les sourcils en ouvrant le cahier.

(D)   Complete the following sentences, which contain everyday expressions featuring various parts of the body:

1 J'ai son nom sur le bout de la *langue*

2 Il travaillait en *bras* de chemise.

3 Son frère aîné aurait dû le rembourser; Jean lui gardait toujours une *dent*.

4 On leur demanda d'apprendre le poème par *cœur*

5 Mon petit frère me porte sur les *nerfs*. Il ne tient pas en place. *gets on my nerves*

6 Ayant le *pied* marin, il n'a jamais eu le mal de mer. *sea legs*

7 Étant méticuleux, il a tendance à couper les *cheveux* en quatre. *split hairs*

8 Il ne se débrouillera pas tout seul. Si on lui donnait un coup de *main* *managed*

9 Les araignées lui donnent la *chair* de poule. *goose pimples*

10 Le sourire aux *lèvres* il se dirigea vers le nouveau venu. *newcomer*

11 Avant de prendre la parole il s'éclaircit la *gorge*

12 —Qui te l'a dit?
   —Mon petit *doigt*. *a little bird told me.*

(E)   Use 'le, la, l', les, du, de la, de l', des' or 'de (d')' to complete the following passage, considering carefully the meaning in each case.

En route pour Étretat

Pendant un moment, Maigret n'eut plus *d'* âge et, alors qu'on était à 20 kilomètres au moins *de la* mer, il eut *l'* impression d'en sentir *l'* odeur, d'en percevoir *le* bruit rythmé; il leva *la* tête et regarda avec un certain respect *les* nuages gris qui devaient venir *du* large.

Car *la* mer, pour lui qui était né et avait passé son enfance *childhood* loin dans *les* terres *inland*, c'était resté ça: *des* filets à crevettes *nets*, un train-jouet, *des* hommes en pantalon *de* flanelle, *des* parasols sur *la* plage, *des* marchands *de* coquillages et souvenirs, *des* bistrots où l'on boit *du* vin blanc en dégustant *des* huîtres et *des* pensions *de* famille qui ont toutes *la* même odeur qu'on ne trouve nulle part ailleurs, *des* pensions *de* famille où, après quelques jours, Mme Maigret était si malheureuse de ne rien faire *de* ses mains qu'elle aurait volontiers proposé d'aider à *la* vaisselle.

Georges Simenon,
Maigret et la vieille dame, Presses Pocket

describing phrase de/des.

shirt sleeves = manche de chemise

partitive in grammar book (look up)

──────────────── **SECTION 4** ────────────────

Translate into French the following passages:

(A)   For various reasons both the Americans and the Russians have been greatly interested in space, and, in spite of the huge sums of money they have had to invest, they have undertaken research programmes, the consequences of which will affect, sooner or later, the daily lives of most of the world's inhabitants. It would have been impossible, fifty years ago, to forecast the achievements of their scientists and cosmonauts.

Vocabulary
divers
investir
toucher
quotidien(ne)
prévoir
un exploit

(B)   It would be foolish not to exploit to the full the rockets and spacecraft in one's possession. Many space flights are of strategic importance and the information collected by the satellites has both offensive and defensive value. However, one should not lose sight of the benefits resulting from man's research in space. The scientific observations have helped him to locate mineral resources and underground rivers, to make a more effective study of weather conditions.

Vocabulary
disposer de
à la fois . . . et . . .
perdre qqch de vue
repérer
efficace

(C)   Having set foot on the moon and sent space probes beyond Mars, the Americans would no doubt like to venture even further afield. According to the newspapers they hope to return to the moon in less than twenty years' time, with the firm intention of staying there permanently. The plan to establish colonies on Mars later on is, technically speaking, certainly feasible.

Vocabulary
s'aventurer
en permanence
réalisable

UNIT 4

SECTION 1

Translate the following passage into English:

A young teacher's fears

A la mort de Jésus le voile du Temple se déchira, la terre trembla, les sépulcres s'ouvrirent. De même, à chaque rentrée des classes, en signe de deuil, le ciel me semblait envelopper la terre d'un brouillard. Même au cœur de l'hiver je ne me sentais jamais aussi transi.
Les deux jours précédents déjà je frissonnais en lisant sur les boutiques les mots
5 'rentrée des classes'. Je ne comprenais pas que les grandes personnes eussent la cruauté de jouer avec cette formule qui me glaçait.
Mais je pensais que cette panique était le lot des élèves. Les professeurs qui, eux, détenaient le pouvoir, devaient y échapper. Au moment de déclencher le couperet de la guillotine, Deibler* ne connaissait pas les mêmes affres que le condamné.
10 Maintenant j'étais professeur. Et je frissonnais comme autrefois . . .
'Allons, dépêche-toi, tu vas être en retard! . . .' me disait autrefois ma mère.
Aujourd'hui personne n'était là pour me presser. J'avais vingt-trois ans. J'étais le maître de mes désirs. Mais ce maître tremblait si fort en se rasant qu'il se planta la lame dans le menton et que la serviette rougit de son sang. Moi qui voulais présenter à mes
15 élèves un visage net, je leur offrirais une balafre. Quarante regards convergeraient vers elle, accompagnés du commentaire tacite ou susurré: 'Le prof s'est coupé! . . .'
Ces quarante présences, déjà, m'obsédaient. Comment seraient-ils? Question angoissante que le matador se pose sur le taureau avant d'entrer dans l'arène.

Paul Guth,
Le Naïf aux 40 enfants Le Livre de Poche (Albin Michel)

* The author has in mind either Louis Deibler (1823 – 1904), who as national executioner from 1879 to 1899 executed more than 1,000 condemned persons, or his son Anatole Deibler (1864 – 1939), who held this same post for the next forty years.

SECTION 2

(A) Read carefully the following passage and then answer the questions on it, in English:

Le Citadin d'aujourd'hui épuisé par ses Moyens de Transport (1971)

Il est huit heures trente du matin. Fine, glaciale, pénétrante, la pluie tombe sur la ville. Sur l'asphalte luisant, des paquets de voitures patinent en grognant d'impatience. Englués au milieu d'elles, des autobus bondés tentent de se frayer un passage. Ils avancent à la même vitesse: 7 kilomètres à l'heure aux portes de Paris. Moins encore, 5,5 km dans l'artère
5 principale de Toulouse, la rue d'Alsace. Entassement aussi dans le métro. Il a été conçu pour quatre personnes au mètre carré. Aux heures de pointe, 8h 30 ou 18 heures, il en

22

transporte huit. C'est la plus forte concentration du monde après le Japon. Le Japon connu pour la minceur de ses habitants. Ainsi, deux fois par jour, des millions d'êtres humains se transforment en gnomes gris, affairés, épuisés ou furieux, simplement parce qu'ils ont à satisfaire à la plus légitime des obligations: se rendre à leur travail et en revenir .   10

Le grand événement est l'entrée en scène de l'informatique. Ce n'est pas un rêve, puisque des réalisations spectaculaires existent déjà. Ainsi, à New York, 10 000 des 42 000 feux sont contrôlés par un ordinateur qui réagit suivant le volume des voitures engagées. Grâce au système, il n'y a jamais embouteillage, juste de rares ralentissements   15 et le flot des voitures s'écoule au rythme de 45 km/h.

Ainsi, à Hambourg, à tous les carrefours et le long de tous les principaux axes routiers, des caméras électroniques sont placées assez haut pour dominer la circulation sans être gênées par un éventuel brouillard. Elles sont 'télécommandables', aussi bien dans leur orientation que dans le changement de focale de leur objectif. Elles envoient des images   20 au P.c.* de la circulation, qui ressemble à celui d'une tour de contrôle aérien. Les 400 feux rouges ou verts sont autant de petites lampes sur un tableau mural. Un feu vert normalement ouvert pendant 52 secondes peut passer sur un cycle de 90, 105 secondes, exceptionnellement de 3 à 5 minutes. L'objectif est de supprimer les embouteillages et de maintenir comme à New York, quel que soit le trafic, aux heures de pointe, une vitesse   25 moyenne de 47 km/h sur les grands axes.

Après Grenoble, Toulouse va aussi commencer à équiper électroniquement ses quarante et un principaux carrefours afin de supprimer l'une des causes principales de ralentissement sur les grands axes urbains: le feu stupide qui se met au rouge dès qu'arrive le flot des voitures.   30

L'automatisation de la circulation des trains et des métros devrait aussi être très avancée, a annoncé Mr Alan Boyd, ancien ministre des Transports aux États-Unis. Ceux-ci circuleront sur des réseaux de lignes intégralement commandées par ordinateurs. C'est l'ordinateur qui régularisera la marche des trains, réglera les intervalles, commandera les départs et les arrêts, le rythme de passage d'une rame de métro pourra s'effectuer toutes   35 les 90 secondes, d'un train de banlieue toutes les deux minutes au lieu des cinq minutes actuelles. La capacité de transport d'une ligne en sera augmentée d'autant et les voyageurs moins comprimés.

Pour les urbanistes, l'essentiel est dans l'organisation de la fluidité de la circulation. Aux centres de la General Motors à Warren, et de Ford à Detroit, on peut voir dans ce   40 sens d'étonnantes inventions.

Sur le tableau de bord d'une voiture, voici un clavier et un petit écran. On désire se rendre dans un quartier précis, disons les Champs-Elysées. Ce quartier a son numéro de code. Supposons que ce soit le 64 407. Le conducteur fait le numéro sur son clavier et n'a plus qu'à suivre les instructions qui s'inscrivent sur l'écran. On lui ordonne de virer à   45 gauche ou à droite, de poursuivre sa route ou de sortir du périphérique par telle porte. L'appareil est un émetteur-récepteur de guidage relié à un ordinateur central de Paris qui possède en mémoire la situation permanente de la circulation et des embouteillages.

Maurice Croizard, Jean Mezerette,
Paris Match

*P.c. H.Q. (poste de commandement)

1   What is there about the weather that makes the idea of a walk less than attractive?
2   What are the bus drivers trying to do and why are they unsuccessful?
3   What is the significance of the times 08-30 and 18-00?
4   Why should the Japanese be able to cope better with this problem?
5   What is the authors' mood in the last sentence of the first paragraph? Which words convey this mood?

6   What details indicate the effectiveness of New York's use of the computer?
7   Explain the significance of the siting of Hamburg's electronic cameras.
8   What creates a major traffic problem in Toulouse at the present time?
9   Explain in detail what the computer will be doing in the United States to facilitate travel by tube and train.
10   If the American inventions became a reality, what new equipment might the Parisian driver decide to have in his car and where would it be fitted?

(B)   Study the following pairs of definitions. Each pair corresponds to a word in the reading comprehension passage. List the words defined and after each put A or B to show which definition is appropriate in this context.

1   A   matières en combustion
     B   signal lumineux
2   A   commerce clandestin
     B   circulation des voitures
3   A   d'un froid extrême et pénétrant
     B   se dit des régions polaires
4   A   constituer un obstacle pour
     B   causer une impression d'embarras
5   A   une succession abondante et ininterrompue
     B   dépression et soulèvement alternatifs de la surface de l'eau
6   A   objet qui empêche de voir ou qui protège
     B   surface blanche sur laquelle on projette des images
7   A   qui existe depuis longtemps
     B   qui a cessé d'exercer une fonction
8   A   se soumettre en cessant le combat
     B   aller dans un lieu
9   A   grande voie de communication urbaine
     B   vaisseau destiné à porter le sang du cœur aux diverses parties du corps
10   A   être maître de
     B   être situé au-dessus de

(C)   Explain in French the following words and phrases, incorporating in your answers the vocabulary provided in brackets:

1   la tour de contrôle aérien
     (l'aéroport – d'où – décollage – atterrissage)
2   le métro
     (souterrain – desservir – quartier)
3   un émetteur-récepteur
     (appareil – recevoir – émettre – message)
4   un boulevard périphérique
     (périphérie – emprunter – éviter – centre)
5   la circulation
     (ensemble – véhicules – réseau – utiliser)

(D)   List the nouns, verbs and adjectives, as requested, that are related to these words:

luisant (noun)	suivre (noun)
impatience (reflexive verb)	mur (verb)
fort (verb)	gêné (noun)

rêve (adjective)　　　　actuel (noun)
réagir (noun)　　　　　voir (noun)
système (verb)　　　　 moins (adjective)

Make suitable use of *ten* of the twelve words you have listed, in order to complete the following sentences. Slight grammatical changes may be necessary.

1　Les joueurs professionnels ont forcément de bonnes _____.
2　Il relut le manuscrit à la _____ tremblante de la bougie.
3　Ils avaient hâte de partir et _____ visiblement.
4　A la _____ de cet accord la reprise de travail est certaine.
5　Le terrorisme est un des sujets de _____.
6　C'était une question délicate; il voyait la _____ de la mère.
7　Créon fut obligé de _____ la pauvre Antigone.
8　Sans la _____ hésitation il plongea dans l'eau glaciale.
9　L'expression _____ , elle pensa au jeune homme qu'elle venait de rencontrer.
10　A perte de _____ s'étendaient les blés de la Beauce.

(E)　Rewrite the following passage, using the words below, suitably, to complete the sense.

devrais　　　 comment　　　 point
jusqu'　　　　 moins　　　　 poussière
humai　　　　 temps　　　　 passé
celle　　　　　autour　　　　 sur
où　　　　　　subir　　　　　clos

J'arrivai au lycée à sept heures et demie. _____ allais-je tuer le temps _____ à huit? Je ne pouvais pas déambuler dans la cour, _____ de la statue du grand homme. Je serais le _____ de mire des élèves. Si je me rendais dans la salle des professeurs je _____ me présenter à mes collègues et _____ leur examen. C'en serait trop pour aujourd'hui. J'allai donc m'enfermer dans ma classe . . .

　　Je _____ cette odeur d'encre, de _____ et de craie qui composerait mon univers. Il s'y ajouterait _____ des pieds en été, à _____ que le climat du Nord-Ouest ne fût trop frais.

　　Je flattai de ma main le tableau noir: le fronton _____ j'inscrirais les règles de ce monde _____ : concordance des _____ , participe _____ conjugué avec l'auxiliaire avoir . . . Avec du blanc _____ du noir j'illustrerais ma prison.

Paul Guth, Le Naïf aux 40 Enfants

(F)　You will have noticed 'détenir' in Section 1. The verb 'tenir' and its compounds are in frequent use, as are derived nouns such as 'maintien, contenu, soutien, entretien' and 'obtention'.

　　After considering the following verbs, use them suitably in the sentences below:

tenir　　　　　　se tenir　　　　　tenir de qqn
tenir à + inf.　　 s'abstenir　　　　 s'entretenir de
appartenir　　　 contenir　　　　　maintenir
obtenir　　　　　retenir　　　　　　soutenir

1　Puisque nous fréquentions le même bar, nous _____ souvent de nos projets de vacances.
2　Dans le doute, _____ -toi! (proverb)
3　Le monsieur, dont vous parlez, _____ encore une confiserie dans la rue principale.
4　Le même nez aquilin, le même regard hautain; on voyait bien qu'il _____ de son père.

5 Ce dictionnaire _____ plus de mille pages.
6 Il faut rendre à César ce qui lui _____ .
7 Il remarqua les grosses poutres taillées à la hache qui _____ le toit.
8 Ne négligeant aucune occasion de se rendre indispensable, il _____ bientôt de l'avancement. (passé simple)
9 Ils _____ immobiles à l'ombre d'un vieux chêne, espérant qu'il ne les verrait pas.
10 Malgré le temps qu'il faisait, je _____ beaucoup à visiter Beaubourg.
11 Fortement émue, elle eut de la peine à _____ ses larmes.
12 Dans ces hôtels climatisés on _____ les chambres à une température agréable.

─────── SECTION 3 ───────

Before undertaking the four exercises that follow, you should study in a reference grammar the meanings and uses of the direct and indirect personal object pronouns and 'y' and 'en'.

It is important to note:

1 the position of these words in relation to the verb that governs them (*cp.* reflexive pronouns)
2 their order, when used in pairs
3 the use of 'le' 'y' and 'en' in place of clauses or infinitive phrases, 'y' being linked with 'à', and 'en' with 'de'
4 the many idiomatic expressions in which an apparently unrelated 'y', 'en' or 'le' features (see exercise (d))
5 where the auxiliary in a compound tense is 'avoir', the need to make the past participle agree with the preceding *direct* objects 'la' and 'les' ('me, te, nous, vous,' perhaps) (e.g. je les avais vu*(e)s* la veille)

(A) Transpose the pronouns in the following sentences, making any other changes necessary:

e.g. 'J'hésite à le critiquer devant son chef.'
becomes
    'Il hésite à me critiquer devant mon chef.'

1 Elle m'a prié de m'asseoir.
2 Je leur aurais défendu de se baigner.
3 Il m'a dit qu'en me taisant je ferais plaisir à tous.
4 S'ils l'avaient invitée à les accompagner, elle aurait refusé.
5 En nous voyant il s'est sauvé.
6 Il va vous en offrir, n'est-ce pas?
7 Vous a-t-il demandé de lui écrire?
8 Vous nous auriez sans doute conseillé de nous y inscrire.
9 Elle s'y est faufilée sans qu'ils la remarquent.
10 Ils m'ont promis de s'occuper de mon affaire.

(B) Rewrite the following sentences, replacing the words underlined by pronouns:
e.g. 'Il demanda à l'accusée de fournir son alibi.'
becomes
    'Il lui demanda de le fournir.'

rapporter = bring back

Il n'en a pas l'air = It doesn't look like it

1. Le conducteur n'avait vu les piétons qu'au dernier moment.
2. Il va y avoir de la pluie, je crois.
3. Il s'excusa d'avoir fait attendre ses clients et s'installa derrière son bureau.
   (*Note* The past participle of 'faire', when factitive, is invariable, i.e. no PDO agreement is required.)
4. J'aurais dû offrir des échantillons aux touristes. *J'aurais dû leur en offrir*
5. Après bien des hésitations il se décida à acheter la maison. *il s'y décida acheter*
6. Tout le monde voudrait être heureux; vous, vous avez la chance d'être heureux. *l'être*
7. Il ne restait au jeune Anglais que deux chèques de voyage. *Il ne lui en restait*
8. Il aurait voulu empêcher son amie d'acheter le collier. *Il aurait voulu l'en empêcher*
9. Après avoir conduit les visiteurs à la gare il rentra tout de suite chez lui.
10. 'Ah, voici l'employé. Enfin! A-t-il trouvé ton anorak? Il n'a pas l'air de l'avoir trouvé.'

(C) In this exercise turn indirect into <u>direct</u> speech and give the exact words of each speaker.

e.g. 'Elle dit aux enfants de lui donner leurs cahiers quand ils quitteraient la salle de classe.'
becomes
   'Donnez-moi vos cahiers quand vous quitterez la salle de classe.'

1. Elle dit aux enfants de les ranger avant d'aller se coucher. *Rangez-les avant d'aller vous coucher*
2. La mère dit à son fils de les lui rendre dès qu'il les aurait tous ramassés. *Rends-les-moi dès que tu les auras tous ramassés*
3. Il cria à sa fille de ne pas y toucher quand elle rentrerait. *N'y touche pas*
4. L'animateur les pria de s'en servir quand ils voudraient.
5. Il demanda à sa sœur de lui en rapporter. *Rapporte-moi-en*
6. Elle pria l'invité de la laisser l'en débarrasser. *Laissez-moi vous en débarrasser*
7. Elle conseilla à sa sœur d'essayer de se mettre en contact avec eux dès le lendemain matin. *Essaye de te mettre en contact avec eux dès demain matin*
8. Le professeur dit aux élèves de ne pas l'allumer pendant son absence. *Ne l'allume pas*
9. Ma sœur me demanda de les prendre dans son sac. *Prends-les dans mon sac*
10. Le policier demanda à l'automobiliste pourquoi il ne s'en était pas rendu compte. *Pourquoi ne vous en êtes pas rendu compte*

(D) Rewrite the sentences below, replacing the words underlined by a suitable idiomatic phrase chosen from the following list. In most of these phrases it is no longer clear which nouns the pronouns 'le', 'y' and 'en' stand for.

e.g. 'Si l'affaire tournait mal, il donnerait sûrement tort aux autres. (s'en prendre à)' *to blame — attack / verbally physically*
becomes
   'Si l'affaire tournait mal, il s'en prendrait sûrement aux autres.'

1. en venir aux coups *come to blows*   6 y voir clair *to see the light (clearly)*
2. l'échapper belle *have a narrow escape*   7 s'y connaître *to know about, be well up on things*
3. le remporter sur *win (achieve)*   8 s'en vouloir *to be annoyed with oneself*
4. s'en faire *get upset, worried over*   9 s'en aller *go — be off, leave*
5. y aller de   10 s'en remettre à *to leave it up to*

1. Séances de vidéo, parties d'entraînement; ils sont maintenant prêts à <u>triompher des</u> (3) Gallois. *training sessions, in Rugby by over the Welsh*
2. Il prit la menace au sérieux, puisqu'il <u>s'agissait de</u> sa vie. (5)
3. 'Ne t'<u>inquiète</u> pas!' dit-il. (4)
4. Il défronça les sourcils: il commençait à <u>comprendre</u>. (6)
5. 'Vous l'avez <u>évité de justesse</u>,' dit le chirurgien en examinant ses blessures. (2)

6   Son frère ne voulait pas essayer de dépanner le téléviseur, parce que cela n'était pas
de sa compétence.
7   Il se reprochait de ne pas avoir écrit plus tôt.
8   Il était parti sans rien dire à ses collègues.
9   Ce médecin jouit d'une grande considération; vous pouvez lui faire confiance.
10 Les deux femmes avaient fini par se battre.

(E)   Before undertaking the exercise that follows consult a reference grammar and note
the main uses of the imperfect, passé simple (past historic) and passé composé (perfect).
The following observations may assist you in comparing the imperfect with the other
two tenses:

1   In *Stylistique Comparée du Français et de l'Anglais* (J.-P. Vinay and J. Darbelnet) the
imperfect is defined as the tense 'de l'action envisagée en dehors de son
commencement et de sa fin'.

2   In one's reading it is worthwhile noting carefully the context in which an author
chooses to use the passé simple (passé composé) of certain verbs, e.g. il dut (a dû), il
put (a pu), il eut (a eu), il fut (a été). The difference between 'il était' and 'il fut (a
été)' is an important one in the passive voice.

3   In the passé simple (passé composé) 'avoir, pouvoir, savoir' and 'vouloir' may well
acquire a new meaning.

Rewrite the following passage, using the imperfect, the passé simple, the passé composé
and the pluperfect, as appropriate, to replace the infinitives.

Près de la sortie, sur le quai de la gare, Rieux (heurter) M. Othon, le juge d'instruction,
qui (tenir) son petit garçon par la main. Le docteur lui (demander) s'il (partir) en voyage.
M. Othon, long et noir, et qui (ressembler) moitié à ce qu'on (appeler) autrefois un
homme du monde, moitié à un croque-mort, (répondre) d'une voix aimable, mais brève:
   'J'attends Mme. Othon qui (aller) présenter ses respects à ma famille.'
   La locomotive (siffler).
   'Les rats . . .,' (dire) le juge.
Rieux (avoir) un mouvement dans la direction du train, mais (se retourner) vers la sortie.
Tout ce qu'il (retenir) de ce moment (être) le passage d'un homme d'équipe qui (porter)
sous le bras une caisse pleine de rats morts.
   L'après-midi du même jour, au début de sa consultation, Rieux (recevoir) un jeune
homme dont on lui (dire) qu'il (être) journaliste et qu'il (venir) déjà le matin. Il (s'appeler)
Raymond Rambert. Court de taille, les épaules épaisses, le visage décidé, les yeux clairs et
intelligents, Rambert (porter) des habits de coupe sportive et (sembler) à l'aise dans la vie.
Il (aller) droit au but. Il (enquêter) pour un grand journal de Paris sur les conditions de vie
des Arabes et (vouloir) des renseignements sur leur état sanitaire.

                                                    Albert Camus, *La Peste* Methuen

────────────────── **SECTION 4** ──────────────────

Translate the following passages into French:

(A)   He had had enough[1] of the buses and underground trains which were invariably
crowded in the rush hour, and reluctantly got the car out. At least[2], he would be able to
listen to the radio during the slow, tedious journey.

He gave[3] an involuntary shiver on seeing[4] that an icy drizzle had begun to fall, and he switched on the windscreen wipers before driving off.

At the first crossroads the lights turned green as he approached them. He took this as a good omen and accelerated[5]. Half an hour later, however he had to admit that he had been rather optimistic. He was surrounded by cars, whose drivers were visibly growing more and more impatient[6], and the bus ahead of them was finding it[7] very difficult to get through.

Notes

1   This is not the pluperfect of 'en avoir assez'.
2   'Au moins' or 'du moins'? Both require inversion of subject and verb.
3   Use 'avoir'. Tense?
4   'apercevoir' or 's'apercevoir' before 'que'?
5   Use a phrase including 'un coup'.
6   Use reflexive verb + 'de plus en plus'.
7   Should 'it' be translated here?

Vocabulary
à contre-cœur
le trajet
mettre en marche
l'essuie-glace (m) (pl.essuie-glaces)
prendre qqch à bon augure
en avant de

(B)   It would take him another quarter of an hour to reach the office. He wondered whether his colleagues across the Channel had to face the same daily traffic hold-ups. They had never talked about them.

Then he recalled what he had read in a weekly magazine he had picked up in the dentist's waiting-room. The article described the solution of the traffic problem achieved in New York and Hamburg, where a steady flow of traffic was maintained by means of electronic cameras linked with a central computer. It was a matter of being able to control the traffic lights along the main thoroughfares.

Vocabulary
d'outre-Manche
faire face à
hebdomadaire
relier
s'agir (impersonal)

accrocher = to hang on

UNIT 5

Translate the following passage into English:

Brittany

La Bretagne est d'abord une terre très belle. La longue péninsule qui s'avance loin en mer et finit par s'y dissoudre en d'âpres îlots, multiplie à l'infini la diversité de ses rivages, tantôt sauvages et tantôt hospitaliers, toujours changeants et souvent étonnants par les jeux animés du ciel et de la mer. Là se pressent les foules des touristes qui savent bien,
5 d'expérience, que le temps est loin d'y justifier sa douteuse réputation. Mais la lande de genêts et de bruyères, mais les barres lourdes ou déchiquetées de ses 'montagnes', d'où l'on a des panoramas si étendus sur les bocages, mais les étranges rochers de granite et les profondes vallées, les bourgs qui cachent tant de merveilles d'un art inspiré, font des campagnes bretonnes un domaine touristique non moins riche, peut-être plus discret
10 mais aussi plus humain, qui complète harmonieusement celui de l'Armor. En dépit de l'attrait des rivages méditerranéens, la Bretagne est la deuxième région touristique de France, et mérite son rang.

Si sa position en mer est son plus solide attrait touristique, elle est loin de lui fournir ses principales ressources: la pêche, pour si active qu'elle soit, ne touche qu'une très petite
15 minorité de Bretons; à quelques centaines de mètres du rivage vivent des campagnes qui ne lui doivent à peu près rien; et les ports de commerce sont fort modestes, sauf Nantes et Saint-Nazaire qui justement n'appartiennent pas à la Bretagne officielle, même s'ils se sentent bretons. Par contre, cette position isole la Bretagne autant qu'elle la singularise.

Roger Brunet, Foreword to 'La Bretagne'
from the Découvrir la France series, Larousse

Notes
1 **bocage** (f) mixed woodland and pasture-land, typical of western France, especially Normandy and the Vendée
2 **Armor** (f) the Celtic name for coastal Brittany

(A)   Read the following passage and answer, in English, the questions below:

Les Aventuriers de l'Émeraude

Depuis des heures, nous roulons sur des routes de montagne, non goudronnées, sinueuses et imprévisibles. Par endroits, il y a juste la place pour un seul véhicule et, sur notre droite, la rivière apparaît parfois à travers la végétation, 5 à 600 mètres plus bas. Pour tout arranger, il pleut. La route devient glissante et ressemble de plus en plus aux
5 montagnes russes de la Foire du Trône.* Accroché à son volant, José, pourtant volubile, n'a rien dit depuis dix minutes. Soudain, nous dérapons un bon coup et, zigzaguant, nous allons violemment heurter la roche sur la gauche de la piste. La Chevrolet rebondit,

tangue et dérape vers le bord d'un à-pic vertigineux de plusieurs centaines de mètres . . .

Déjà, dans un crissement de pneus qui accrochent sur les pierres tranchantes, le véhicule a fait un bond en avant. Il se lance hardiment dans une montée tortueuse. Mille mètres, plus haut, apparaît le soleil. 10

Nous stoppons quelques instants sur une minuscule plate-forme pendant que, collé à la paroi, un camion qui redescend nous croise, passant à quelques millimètres de nous, sans avoir ralenti un instant, ni même seulement freiné. Le chauffeur, comme tous les chauffeurs de Colombie, est un 'macho' . . . Ça passe ou ça craque. Ça passe ou c'est le 15 ravin . . .

Partout, sur toutes les routes, sur toutes les pistes du pays, des croix blanches balisent les axes routiers, à chaque endroit où un macho est mort avec sa cargaison, parfois celle d'un autocar bourré de passagers . . .

Tout cela, qui me déconcerte un peu, laisse José imperturbable. Mon chauffeur-guide 20 connaît bien les us et coutumes du pays. Voici près de 30 ans qu'il vit, après un périple assez surprenant . . .

Bananiers, orangers, canne à sucre poussent partout. Nous sommes dans une région chaude, une zone sans saison, où tout pousse, toute l'année, donnant le spectacle absolument incroyable pour un Européen d'arbres en fleurs au milieu d'autres identiques 25 chargés de fruits à tous les stades de la maturation.

Le but de notre voyage est Muzo, la capitale colombienne de l'émeraude. Nous ne sommes plus qu'à une heure de route de Muzo quand nous avons la surprise de ne plus trouver le pont sur la rivière. Un violent orage, suivi d'une crue rapide et dévastatrice, a tout emporté sur son passage, embarquant un pont Eiffel comme un fétu de paille. 30

Déjà, sur les bords du cours d'eau, des gosses s'activent. Pour quelques pesos, ils fixent de gros tuyaux de caoutchouc sur les pots d'échappement des camions et des voitures tout-terrain pour permettre l'évacuation des gaz hors de l'eau pendant qu'un 'associé' avance dans la rivière et signale les endroits où l'on peut passer à gué, avec souvent de l'eau à ras du moteur. Notre véhicule résiste vaillamment au courant. Nous prenons pied 35 sur la rive opposée. Nous serons à la tombée de la nuit à destination.

Un dernier virage et la 'ville' apparaît, agglomération perdue au milieu d'une végétation luxuriante, ville du Far West groupée autour de son arène et du clocher de son église.

Roger Holeindre, *Paris Match*

* **Foire du Trône**   annual spring fair in Paris

1   What four features of these mountain roads make them potentially dangerous?
2   With which words does the author show his annoyance at the rain?
3   What is there to remind him of a fairground?
4   Account for José's silence.
5   What prevents the vehicle going over the edge?
6   What evidence have we of the lorry driver's skill and judgement?
7   What is the significance of the white crosses?
8   How far from Muzo are they when they have to ford the river?
9   What, in detail, are the consequences of the storm?
10   In what ways do these resourceful Colombian youngsters earn a few pesos?

(B)   List the words in the passage that have a meaning *opposite* to that of the words appearing below:

en arrière   taciturne   droit   mousse   la descente   accélérer
disparaître   décrocher   doucement   (ne . . .) nulle part

(C)   Insert the following words, appropriately, into the passage below, which is a continuation of the reading comprehension passage.

trajet *journey*	pu	sous
tous	grouillante *swarming*	côté *side*
à	du	tête
en	exploitées	ainsi
pioches *pick-axe*	files	sans

A la sortie de Muzo, des dizaines de mineurs, une pelle à la main, la machette au côté, font du stop. Nous en prenons quelques-uns. Ils économisent ainsi les dix pesos que leur coûterait le trajet en camion. Nos passagers sont à peu près blancs; ils ont pu se laver durant la nuit, mais, maintenant, tous les gens que nous croisons sont noirs de la tête aux pieds. Sur les côtés de la route, en files indiennes, des dizaines, des centaines d'hommes et quelques femmes, la pelle sur l'épaule, marchent tous dans la même direction . . .

Soudain la vallée s'élargit. Avec stupeur j'aperçois une foule grouillante. Sur les bords du lit de la rivière, elle s'agite et travaille, munie de pelles et de pioches évoquant à s'y méprendre une immense fourmilière. *ant-heap* Sans relâche, ils retournent une boue noirâtre dans laquelle ils espèrent trouver la fortune sous forme de pierres vertes. Cette boue vient de la montagne, elle vient des mines qui sont exploit industriellement, à quelques centaines de mètres au-dessus de nous.

you could mistake them for

(D) Supply specific words *closely related* to those taken from Section 2 (a) and (c) that are listed here. In each case you are told whether a noun, an adjective or a verb is required.

e.g. sinueuses (noun) – la sinuosité *– sinuousness*

tête (adjective) têtu *– stubborn*   collé (noun) la colle = *glue*
épaule (verb) – épauler   fleurs (verb) fleurir
freiné (noun) frein   pousse (noun) pousse – *stem (f)*
s'élargir (noun) largeur (f)   orage (adjective) orageux
maturation (adjective) mature / mûr   fourmilière (verb) fourmilier = *swarm*

élargissement

Use the ten words you have chosen to complete the following sentences. Meaning and grammatical form must be taken into account.

1   Cette pièce a 7 mètres de long. Quelle est sa largeur?
2   Épaulé par notre société vous serez à même de réaliser ce projet. *you will be in a position to*
3   Elle est si têtu qu'elle ne changera jamais d'avis.
4   N'oubliez pas d'acheter un tube de colle . Il faut que je répare cette chaise.
5   Après mature réflexion le juge d'instruction abandonna les investigations.
6   En voyant le ciel orageux il ne fut pas surpris d'entendre un grondement lointain. *rumble of thunder*
7   Il donna un coup de frein en voyant soudain le feu arrière de la Renault.
8   Pendant la belle saison les plages de La Baule grouillent de touristes.
9   Cette année-là le printemps était précoce; même à la mi-avril les rosiers fleurissent *early*
10 Cet épicier vend des pousses de bambou en boîte.

(E) Imagine that it is you who undertook the journey to Muzo as José's passenger. Complete, in French, the following statements about the trip incorporating the suggested words and phrases.

e.g. 'A cause des sinuosités de la route – impossible – dangers – trajet.'
could become
'A cause des sinuosités de la route il était impossible de prévoir (tous) les dangers d'un tel trajet (d'un trajet pareil).'

1 En empruntant cette route je me suis rendu compte que – toujours le risque –   *il exsister*
   mortel.

2 La route me rappelait les montagnes russes à cause de la – montées – rapides.   *route avec ses*

3 Depuis le moment où la surface est devenue glissante, José – devoir – attention – *à la*
   route.

4 En voyant le camion qui redescendait je – se demander si – assez de – lui permettre   *me suis demandé il y avait de quoi*
   de – *passer*

5 Ce qui me déconcertait, c'était la présence par endroits d'une croix blanche qui – lieu   *balise le*
   où – quelque infortuné voyageur.   *est mort*   *avec sa cargaison.*   *sur son passage*

6 A la suite de l'orage – déborder – emporter – .   *Voilant la rivière a debordé*   *et il a emporté le pont.*

7 On a passé la rivière à gué grâce – efforts – nous signaler – moins profonds   *aux*   *des enfants qui nous ensignèrent un endroit*

8 Un(e) Européen(ne) – s'attendre – en fleurs – chargé de – .   *ne peut pas*   *comment du payer*   *line 25.*   *pour voyager / faire le trajet*

9 Si nous ne les avions pas pris, les mineurs – devoir – dix pesos – camion.   *auraient dû*   *la par dans*

10 Dès leur arrivée à la rivière, les mineurs – à retourner – espoir – pierres – .   *se s'en mit à*   *de trouver*

SECTION 3

In the first exercise you will be using emphatic (disjunctive, stressed) pronouns. From the
examples you find in a reference grammar you will see that these pronouns have a wide
variety of functions.

(A) Replace the blanks and words underlined by suitable emphatic pronouns in the
sentences that follow:

1 'Qui a brisé la vitre?' demanda la ménagère. '*eux*' répondis-je en désignant les
   jumeaux.

2 Mes parents et *moi* ne serons pas de retour avant six heures.

3 C'est *toi* qui as commandé le café crème, n'est-ce pas?

4 Chacun pour *soi* et Dieu pour tous. (proverb)   *Each man for himself & god for all.*

5 Quant à *moi*, je ne demande pas mieux.

6 Il pensait souvent à ses collègues.   *à eux*

7 Elle aurait pu raccommoder les chaussettes *elle* -même.

8 Il se souvint de l'Américain en voyant les blindés de Patton.   *armoured vehicule*

9 Il était plus âgé que sa sœur de deux ans.   *qu'elle*

10 En rentrant chez *eux* ils s'aperçurent que la porte d'entrée était grande ouverte.

11 Sans *vous* il aurait cédé. Il lui fallait vos appuis solides.   *needed support*

12 En ne pensant qu'à *soi*, on risque d'éloigner les gens.   *If you only think of yourself you will alienate others*   *escape*

The four exercises that follow concern nouns (gender and plural form) and irregular
adjectives.

(B) Careful observation, oral and written practice and a knowledge of typically
masculine and feminine noun endings will certainly help you in your search for the right
gender. There is, however, no easy solution to the problem.

Only ten of the following nouns, for example, are feminine. Make a list of those you
consider feminine, and then check.

plaignent = feel sorry for

la tour (tower)	le code	le squelette – skeleton
le verre	la note	le tube
la zone	le silence	la part
le pétale	le musée	la pédale
la bande	le chêne	le groupe
la cire – wax	le phare	le rêve
le tonnerre	le chèvrefeuille (honeysuckle)	le cidre
le poste (job)	le remède	la mousse (moss)
la cour	la chaîne	l'épisode (m)

(C) Rewrite the five sentences that follow, making the persons feminine and undertaking any consequential grammatical changes.

1 Tous les téléspectateurs plaignent le héros de ce feuilleton que ses soi-disant amis ont trahi.

2 A l'hôtel où ils étaient descendus les deux employés de banque firent la connaissance d'un vieux Grec. Il se trouva qu'il etait le patron de l'établissement.

3 Le chirurgien lui-même aidé par deux infirmiers parvint à réanimer le malade en lui transfusant du sang.

4 Il s'est procuré un manteau noir parce qu'il se croyait obligé d'assister à l'enterrement de son beau-père qui était mort la veille.

5 Cet instituteur est le maître du chien qui vient d'être écrasé par un des frères jumeaux de Solange.

(D) Rewrite the following sentences making the various elements plural as far as meaning permits:

1 Un porte-avions américain croisait au large du Liban où l'on avait entamé une nouvelle tentative pour obtenir la libération de l'otage occidental.

2 Notre nouveau voisin, accompagné de son fils, s'est arrêté pour admirer le premier perce-neige.

3 C'est un détail dont l'assureur devra tenir compte en estimant la valeur du bijou que le cambrioleur a emporté pendant l'absence du locataire.

4 Ce gant bleu foncé qu'elle a trouvé sous le vieux hêtre ressemble assez à celui que vous avez perdu la semaine dernière.

5 Le nouveau venu voyait au-delà de la plate-bande un vieil orme à l'ombre duquel il pourrait lire son journal.

(E) Complete the sentences below, using whichever of the adjectives listed is most suitable in the context. Ensure each adjective has its correct form and is used once only.

fou	public	épais	gros
fier	long	sec	faux
nouveau	cadet	vif	dernier
doux	inquiet	dévastateur	trimestriel
aigu	frais	bas	épineux

1 Rien qu'à voir les herbes folles, qui ont envahi le jardin, on dirait une maison inhabitée.

2 Se servant de sa fausse clef il ouvrit la porte sans difficulté.

3 C'est une question épineuse qu'il faut aborder avec beaucoup de tact.

4 De gros nuages noirs s'amoncelaient à l'horizon; inquiète, elle regarda par la fenêtre du séjour; les enfants seraient trempés.

5 'N'y touche pas! La peinture est encore _fraîche_!'
6 Son ton _sec_ indiquait sa mauvaise humeur.
7 La lumière trop _vive_ des phares éblouit notre chauffeur.
8 Les bulletins _____ de sa fille _cadette_ laissaient beaucoup à désirer.
9 Ils parlaient à voix _basse_ pour que les enfants ne les entendent pas.
10 Ils se connaissaient depuis des années; c'étaient des amis de _longue_ date.
11 Les villageois s'enfuirent devant la coulée de lave _dévastatrice_.
12 Une _épaisse_ couche de neige recouvrait les plates-bandes; on ne voyait plus les crocus.
13 Le problème de la _nouvelle_ centrale nucléaire sera le sujet d'une conférence _publique_.
14 La pente étant _douce_, ils arrivèrent au sommet de la colline sans perdre haleine et les douleurs _aiguës_, qu'il avait éprouvées la veille, avaient disparu.
15 Elle obtint la mention 'très bien' au baccalauréat, ce qui rendit sa mère très _fière_ d'elle. Cette _____ donna tout de suite un coup de fil à son mari.

(F) 'Faux amis' will frequently have been drawn to your attention. 'Décevoir, achever' and 'rentable' are just three of many such words. It is perhaps fitting, in this unit, to consider some of the nouns falling into this category.

Define briefly in French (with the aid of a dictionary) the following 'faux amis' and, after each definition, complete a short sentence with the 'vrai ami'.

e.g. (la) confidence = déclaration faite en secret à quelqu'un.
   C'est un jeune homme plein d'_assurance_ qui a réponse à tout.

1 (le) cargo = _boat_   —   cargaison – cargo
   Les dockers venaient de décharger la _____ de blé.
2 (l') agrément (m) = _pleasure_ – accord – agree
   L'_____ était unanime: les grévistes reprendraient leur travail le lendemain.
3 (le) comédien = _actor_   —   un comique – comic
   Il y a peu de _____ qui font rire les enfants autant que lui.
4 (le) caractère = _character_   —   un personnage – a character
   Les _____ principaux de cette pièce s'appellent Hugo et Hoederer.
5 (la) course = _race_   —   cours   —   cours / lesson
   On leur offre une formation qui se termine par un _stage_ en entreprise.
6 (la) halle = _covered garden_   —   vestibule / couloir
   Il laissa son chapeau sur une chaise dans le _____ .
7 (le) délai = _delay_   —   retard – late / delayed
   A cause d'un déraillement le rapide a dû _____ .
8 (le) procès = _trial / fine_   —   processus. process
   En biologie nous étudions actuellement le _____ de la digestion.
9 (la) lecture = _reading_   —   cours – lesson
   Beaucoup d'étudiants n'assistent pas aux _____ .
10 (la) sentence (legal) = _judgement_   —   phrase – sentence
   En relisant la dernière _____ du thème il remarqua deux grosses fautes.

SECTION 4

Translate into French the following passages based on Section 2 (a) and (c):

(A)   They were only half an hour's drive from the capital and the road was becoming more and more slippery. For the last quarter of an hour the driver hadn't said a word. Hugging the rock-face, he was doing his best to[1] prevent the lorry skidding towards the cliff edge. The windscreen wipers were no longer working, which, in view of[2] the heavy rain, made his task even harder.

When at last they reached the valley, they found that a violent storm had swept away the only bridge. It was now a question of[3] fording the swollen river. Would they be able to cross to the other side before it got dark?

Notes
1   Use 'faire de son mieux pour'
2   'en raison de'
3   'il s'agit de' in suitable tense

(B)   The next morning, as soon as day broke[1], they set out for the mine. On leaving the town they met some of the miners walking along the side of the road in single file in the shade of the banana and orange trees. They were able to[2] give them a lift. They passed other miners, mud-covered, who were heading for the town they had just left.

Looking up they saw, several hundred metres above them, the entrance to the mine, from where the blackish mud flowed down[3] the mountain. Below, in the valley, the river banks were swarming with men, toiling unremittingly in search of emeralds.

Notes   *la lévee du jour*
1   Express 'day broke' as a noun
2   Tense? They were able to (and did)
3   Use 'dévaler de'

UNIT 6

—————— SECTION 1 ——————

Translate the following passage into English:

Frugal meals

Nous avions les menus les plus économiques. Les pommes de terre en formaient la base. J'éprouvais pour elles un attachement respectueux.

Les pommes de terre frites de ma mère n'avaient pas la frivolité de celles de Paris. Elles m'inculquaient le sens du devoir. Par contre, la bienveillance glissante des pommes de terre à l'huile m'enseignait la conciliation. 5

Les haricots m'inspiraient un culte. Surtout ceux qu'on appelait 'les lingots'. Je réchauffais longuement dans ma bouche chacun de leurs grains. Ma langue caressait leurs courbes. Mes dents s'enfonçaient doucement dans leur chair. Je la broyais jusqu'à la réduire en une farine. Elle s'évaporait vers le fond de ma bouche comme une fumée.

Une casserole de haricots nous faisait plusieurs repas. Ma mère la laissait sur le 10 fourneau à pétrole éteint. Quand je rentrais de classe, je soulevais le couvercle. La sauce était figée. Elle bloquait les haricots, comme la glace bloque des îles. De la pointe d'une fourchette, j'en dénichais quelques-uns. Malheureusement leurs alvéoles restaient marqués dans la sauce et me trahissaient.

J'essayais de les aplanir avec ma fourchette. Mais la trace des dents s'imprimait. 15 J'opérais avec le dos d'une cuillère. J'avais à peine le temps de laver et d'essuyer la cuillère et la fourchette. Ma mère rentrait du jardin.

Paul Guth, *Mémoires d'un Naïf*,
Le Livre de Poche (Albin Michel)

—————— SECTION 2 ——————

(A) Read carefully the following passage and then answer the questions below, in English:

La guerre linguistique reprend au Québec.

*Le chef du Parti québécois, M. Pierre-Marc Johnson, a exprimé, au cours du week-end dernier, à Montréal, son opposition à la politique du gouvernement de M. Bourassa, visant à rétablir partiellement le bilinguisme au Québec. Les atteintes répétées, ces derniers mois, à la Charte de la langue française (loi 101) ont rallumé la guerre linguistique dans la province. 5

'Touchez pas à la loi 101.' Le slogan est en train de faire fortune au Québec où de plus en plus de particuliers apposent de grands panneaux sur leurs balcons pour dénoncer la volonté du gouvernement provincial de modifier la Charte de la langue française (loi 101), qui, depuis 1977, fait du français la seule langue officielle de la province.

*On assiste à une véritable mobilisation contre le retour au bilinguisme. Plusieurs 10 personnalités indépendantes des pouvoirs publics ont annoncé la création, le samedi 29 novembre, d'une nouvelle organisation, les Citoyens français pour un Québec français, qui vient de prêter main-forte aux militants nationalistes du Parti québécois, de la Société Saint-Jean-Baptiste, du mouvement Québec français et des trois grandes centrales syndicales qui étaient déjà passées à l'offensive 15

37

*Il a fallu une longue bataille politique, des manifestations de rue et même quelques émeutes dans les années 60, pour permettre à la majorité francophone du Québec (plus de 80% des 6 millions et demi d'habitants) d'imposer sa langue. *Avec l'arrivée au pouvoir du Parti québécois en 1976, le Québec a pu enfin se donner un 'visage français'

20　*La loi 101 a instauré la scolarisation en français pour les enfants des nouveaux immigrants, elle a forcé les entreprises à franciser leurs raisons sociales et à adopter progressivement le français comme langue de travail.

Dix ans plus tard, certains irréductibles chez les anglophones, mais aussi parmi les immigrants, en particulier les Grecs, souhaitent l'abolition de cette loi. En promettant au

25　cours de la campagne électorale de 1985 de modifier certains de ses articles dans un sens plus favorable à la minorité anglophone, M. Bourassa a ouvert une véritable 'boîte de Pandore'. L'amnistie en faveur des quelque mille quatre cents enfants d'immigrants inscrits illégalement dans les écoles anglaises a constitué la première brèche dans le consensus qui semblait s'être établi à propos de la loi 101. Cette amnistie laisse en effet

30　entendre aux adversaires du français que la loi peut être bafouée impunément.

Simultanément, le ministre de l'éducation annonçait son intention d'étudier la possibilité pour les francophones de faire l'apprentissage de l'anglais dès la première année du primaire. Ce qui inquiète au plus haut point les défenseurs du français, qui craignent une dégradation de la langue maternelle au profit de l'anglais.

35　Mais c'est la décision du gouvernement de déposer un projet de loi modifiant la Charte de la langue française qui a mis le feu aux poudres. Invoquant des raisons 'humanitaires', le gouvernement annonçait son intention de renforcer le droit des anglophones, déjà reconnu par la loi 101, à des institutions (hôpitaux, services sociaux) offrant des services dans leur langue.

40　Les adversaires de ce projet craignent que les immigrants ne profitent de cette ouverture pour fréquenter les institutions anglophones et grossir ainsi artificiellement les besoins de la minorité. *Ces appréhensions semblent tout à fait justifiées, compte tenu de l'attitude de certains groupes ethniques qui manifestent ouvertement leur refus de respecter la loi 101 dans d'autres domaines, en particulier l'affichage commercial.

45　Avec le retour des libéraux au pouvoir, quelques commerçants, qui avaient parfois simplement recouvert de manière temporaire leurs enseignes anglaises, les ont aussitôt ressorties. D'autres, y compris la chaîne hôtelière française Méridien, qui a un établissement à Montréal, ont suivi le mouvement. *Et, depuis quelques mois, on assiste, dans certains quartiers, à une érosion progressive du français au profit de l'anglais.

Bertrand de la Grange, Le Monde

Vocabulary
centrales syndicales　groups of affiliated trade unions
raisons sociales　trade names

* See exercise **(E)**, p. 40

1　How is M. Bourassa's provincial government apparently seeking to undermine the position of the French language?
2　How has resentment of the policy been expressed of late at a personal level?
3　In the 1960s what forms did the struggle take to give Quebec 'un visage français'?
4　In 1977 French became the official language. Explain how Law 101 was designed, in three practical ways, to strengthen its position.
5　By doing what and for whom did M. Bourassa in effect open 'Pandora's box'?
6　Should Law 101 be modified, what do opponents fear the immediate consequences would be?
7　To what extent are their fears justified?
8　Explain how, since the Liberals' return to power, Law 101 has been infringed in the business world.

(B) Fill in the blanks in the following pairs of words. Sometimes the noun, sometimes the verb is missing. The relationship between verb and noun is close. All the words printed here occur in the reading comprehension passage.

noun	*verb*
atteinte	~~atteindre~~ *atteindre = to reach / attack.*
rétablissement	rétablir *= restablish*
modification	modifier
création	*créer*
entreprise	*entreprendre = to undertake*
un souhaite	souhaiter
projet	*projeter = to plan.*
défenseur	*défendre*
l'annonce	annoncer
le respect.	respecter

Use the words you have listed to complete suitably the following short sentences, taking into account grammatical needs. Nouns may require an article.

1 *Le Rétablissement.* ____ des communications après un tel sinistre est primordial. *essential*
2 Offrez mes *souhaite* de bonne année à toute la famille.
3 Vu sa compétence, nous espérons qu'il ____ *entreprendra* cette affaire.
4 Il faudra faire des *modifications* ____ au nouveau moteur.
5 Il essaya de *créer* ____ une ambiance moins hostile.
6 La balle le *perdu atteinte* ____ au bras gauche et il perdit connaissance. *l'a atteint*
7 Vous feriez mieux d'insérer *une annonce* ____ dans les journaux.
8 Cet été nous *projetons* ____ de faire du camping sauvage.
9 Il me semble que vous manquez de *respect* ____ envers le patron.
10 Il est *défendu* ____ de fumer dans les cinémas français.

(C) Following the outline provided, complete the sentences below in such a way as to retain as closely as possible the meaning of the article you have read. Alter infinitives where necessary.

e.g. 'La possibilité d'une dégradation de leur langue maternelle . . . . . ceux qui . . . . .'
could become
'La possibilité d'une dégradation de leur langue maternelle <u>inquiète</u> ceux qui <u>la</u> <u>défendent</u>.'

1 Le chef du Parti québécois s'oppose à la politique de M. Bourassa *qu'il considère* . . . . considérer comme . *un* . rétablissement . *du* . bilinguisme.
2 Les militants nationalistes du Parti *québécois* . . venir de . *avoir support* . l'appui des *citoyen français*
3 Dans les années 60 *émeutes* . . . . avoir lieu *dans* les rues.
4 Selon la loi 101 les enfants des nouveaux immigrants *doivent* . . . se rendre . . . . . où *dans les écoles* l'instruction . *en français*
5 Ce sont surtout les Grecs qui *cherche* . . . chercher à . *abolir cette* . loi. *sont enscore dans les écoles illégalement*
6 Le gouvernement provincial accorde une amnistie à . *se* . qui . . . . . illégalement . . . . *anglaise*
7 Si le ministre de l'éducation fait valoir sa volonté, *les francophones* . . pouvoir apprendre *l'anglais dès* que *entrent* . primaire.
8 En exprimant leurs appréhensions les adversaires du projet *tiennent compte de* attitude . . . . quelques-uns des . *groupes ethniques* .

(D) This passage completes the article in *Le Monde*. Fill in each blank with a word taken from the following list:

armés ✓	chaîne ✓	offre ✓	lieu ✓
tous ✓	le ✓	défie ✓	sous ✓
contre ✓	lesquels ✓	avant ✓	serait ✓
divisés ✓	cuisante ✓ *better grilling*	il ✓	été ✓
en ✓	au ✓	appel ✓	prié ✓

La guerre de l'affichage

Dans un cas au moins, celui de la grande *chaîne* de magasins Zellers, qui *défio*
ouvertement la loi, cela a donné lieu à des actes de violence avec la destruction de vitrines
par des individus *armés* de cocktails Molotov. Au *lieu* de poursuivre les commerçants
contrevenants, comme *le* faisait le gouvernement précédent (92 entreprises ont *été*
condamnées à des amendes en 1985 *contre* à peine une quinzaine cette année). M.
Bourassa a décidé *au* début de l'année de suspendre les poursuites, *sous* prétexte
que les tribunaux devaient se prononcer *avant* la fin de l'année sur la constitutionalité de
la loi 101 sur l'affichage.

   Pour le Parti québécois, encore mal remis de sa *il* défaite électorale, le débat
linguistique *étte* une occasion unique pour rallier ses militants et faire *appel* à la
solidarité de *tous* les francophones pour défendre ce que le parti 'a fait de meilleur'.

   prié de s'expliquer sur ses intentions, M. Bourassa a déclaré qu'il ne remettait pas
en question la loi 101. Il s'agit seulement, a-t-il affirmé, de 'concilier la priorité du
français au Québec, avec une autre priorité: l'égalité des citoyens'. C'est pourquoi il dit
souhaiter la création de 'districts bilingues', dans *lesquel* l'affichage commercial *serait*
autorisé dans les deux langues.

   Il lui reste à convaincre les membres de son propre parti *divisés* sur le sujet.

Bertrand de la Grange, Le Monde

(E)   Rewrite the following sentences replacing words and phrases underlined by words
and phrases in the reading comprehension passage that convey a similar meaning. The
sentences in the passage that are asterisked contain one or more of the words and phrases
you require. Grammatical changes may be necessary.

e.g. 'Il a l'occasion de s'initier à une langue étrangère.'
becomes
   'Il a l'occasion de faire l'apprentissage d'une langue étrangère.'

1 ▷ Dans le but de décourager les intrus il acheta un mâtin. *Watchdog* (*Pour* ←) (*with the purpose*)
2 C'est une idée qui va sûrement réussir. — *faire fortune — make money*
3 Le professeur leur imposa le silence. *les a forcé se taire*
   (Le professeur *les* . . . à se taire.)
4 Nous sommes témoins d'une véritable renaissance du théâtre. *assistes à / témoins de*
5 Une longue formation a été nécessaire. *Je a fallu une longue formation*
6 Quand les libéraux sont parvenus au pouvoir, les immigrants ont contrevenu aux
   règlements. *à l'arrivé des libéraux au pouvoir*
7 Durant l'été l'hôtelier a fait la connaissance de beaucoup de touristes. (*au cours de*)
8 Si l'on prend en considération l'attitude des francophones, un tel résultat est
   prévisible. *compte tenu de*
9 Un nombre toujours croissant de visiteurs profitent de cette réduction. (*De plus en plus de visiteurs*)
10 On va modifier la loi en faveur des anglophones.
   au profit des anglophones

SECTION 3

Before completing the three exercises that follow, study in a reference grammar the various functions of the Future, Future Perfect, Conditional and Conditional Perfect.
  Note particularly what is said about:

1   ways of expressing future time (in the past)
2   the use in French of the conditional to relate unconfirmed events, especially in newspapers
3   the (sequence of) tenses in 'if' clauses

(A)   Rewrite the following sentences, replacing the infinitive in brackets by whichever of the above four tenses is appropriate in the context.

1   Rappelez-nous au bon souvenir de Monsieur Valéry quand vous le (voir). *verrez*.
2   Ce soir il (devoir) arroser les dahlias, dès qu'il (dîner). *aura dîné* *devra*
3   Il affirma qu'il ne (pouvoir) leur donner une réponse précise que quand il (consulter) ses collègues. *pourrait* *aurait consulté*
4   On (dire) que la vieille dame avait vu un fantôme. Elle ne quittait pas des yeux l'armoire. *aurait dit* *take her eyes off*.
5   On n'a pas encore démenti ce bruit: il y (avoir) au moins une vingtaine de blessés et un des pompiers (mourir). *verified rumour* *aurait eu* *serait mort*.
6   Je m'en doutais. Monsieur Dumesnil n'est pas encore de retour. Il (manquer) le train. *aura manqué*
7   D'après le journal du soir, le gouvernement provincial (projeter) d'annuler cette loi. *projeterait*
8   S'il savait le résultat du match, il (être) très déçu. *serait*
9   Quand ils (voir) cette annonce demain matin, ceux qui la (lire) ne (hésiter) pas à poser leur candidature. *verront* *liront* *hésiteront* *to apply for it*
10   Si un plus grand nombre de francophones avait voté pour le Parti québécois, les libéraux n'(arriver) pas au pouvoir. *ne seraient pas arrivés* *power* *décidera*
11   Ce (devoir) être le juge qui (décider) mardi prochain de leur sort. *fate*
12   Je les connais bien. Ils (faire), ce qui leur (plaire). *feront* *plaira (future)*

(B)   Turn the following examples of direct into indirect speech:

e.g. Il a dit: 'Le docteur me demandera de me reposer de mon travail.' *test from* (future becomes conditional)

becomes

  Il a dit que le docteur lui demanderait de se reposer de son travail. *(cond)*

1   Il répondit: 'Si les immigrants ont le choix, ils fréquenteront les institutions anglophones.' *avaient* *fréquenteraient (cond)* *(imperfect)*
2   Il lui demanda: 'Qu'est-ce que vous ferez, quand vous aurez pris la retraite?' *ferait* *auraient pris* *(fut or cond)*
3   Il se demanda: 'Est-ce qu'il nous restera assez de temps pour passer chez nos parents demain soir?' *resterait* *(cond)*
4   Il leur expliqua: 'Quand je me serai installé le mois prochain dans le Finistère, je vous inviterai tous à venir me voir.' *que il se serait installé* *il les inviterait* *le*
5   Il se demanda: 'Est-ce que les habitants approuveront la nouvelle loi quand ils sauront de quoi il s'agit?' *approuveraient* *seraient* *about* *agissait*
6   Il ajouta: 'Si les commerçants bravent cette loi, on les condamnera sûrement à des amendes.' *bravaient* *go against* *dit*
7   Il m'a écrit: 'Tant que je vivrai à Saumur, vous serez accueillis à bras ouverts chez moi.' *as long as* *il vivrait* *nous serions accueillis* *cond* *lui*

8 Il demanda: 'Que deviendras-tu si tu n'arrives pas à mener à bien ton projet?'

(C) In French (and English) statements and requests expressed with formal politeness often require the use of the conditional, and this tense is a feature of letter writing.

Use the conditional to include the verbs and phrases (listed below) in the sentences that follow. The sentences themselves nearly all relate to hotel bookings.

1 aimer/désirer
2 avoir
3 avoir l'amabilité de + inf.
4 être
5 être obligé(e) à quelqu'un de + inf.
6 être reconnaissant(e) à quelqu'un de + inf.
7 faire grand plaisir à
8 obliger quelqu'un
9 pouvoir
10 revenir
11 vouloir (bien)

Use each verb or phrase *once* only.

1 Je vous _____ de bien vouloir me faire parvenir votre brochure.
2 Au cas où vous _____ dans l'impossibilité de nous offrir une chambre avec vue sur la mer, _____ vous nous recommander un autre hôtel?
3 Vous me _____ en me faisant savoir à combien me _____ ce séjour hors saison.
4 Nous _____ trouver soit un appartement soit une villa aux alentours de Concarneau.
5 Je _____ bien retenir deux chambres à un lit du 2 au 23 juillet.
6 Cela nous _____ de vous accueillir dans cet établissement la semaine suivante.
7 Je vous _____ nous envoyer, à titre d'arrhes, la somme de 10 000 F.
8 _____ vous de joindre à votre lettre deux coupons-réponse internationaux?
9 Dans le cas où vous ne _____ pas de chambre de libre, veuillez me le faire savoir par retour du courrier.

(D) Adjectives tend to follow the noun. For a variety of reasons, however, they may precede. Consider in a reference grammar the rules governing their position and note, from your own reading, examples of modern usage.

Rewrite the following sentences placing the adjectives in brackets in a suitable position and making any agreements necessary. Remember that two adjectives standing together before or after a noun should be joined by 'et' if their relationship to the noun is similar.

1 La dame (vieux) à la robe de soie (bleu) se tenait près de la fenêtre (ouvert).
2 Il remarqua au loin une maison (petit, blanche).
3 Après la campagne (récent, électoral) et sa défaite (cuisant) le parti cherche un chef (nouveau).
4 En Europe (central, orientale) le froid sévit actuellement.
5 Il fut élu président du centre (premier, mondial) de l'informatique.
6 Il a recueilli des témoignages (nombreux) auprès des réfugiés (argentin).
7 Un pétrolier (énorme, grec) surgit dans la brume.
8 Cet épisode (malheureux) entraîna des conséquences (grave) pour le pays.
9 Une fille (jeune, extrêmement jolie) les accueillit.
10 Les joueurs (autre, trois) croyaient qu'il avait triché.
11 Son humeur (bon, habituel) l'abandonna, dès qu'il vit la voiture (endommagée).
12 C'était un garçon (petit, charmant, intelligent, bien élevé).

(E) Rewrite the following sentences replacing the words underlined by adjectives

taken from the list below. Remember that these nine adjectives, like many others, express
different (shades of) meaning according to their position.

former ancien ~~former~~ (old)   fort   *poor* pauvre *penniless*
amer *bitter*.   fou   *own*. propre *clean* ~~lower~~.
certain *some*   léger   vif

1   Le juge a des preuves <u>incontestables</u>. *certaines →*
2   C'est un espoir <u>difficile à justifier</u>. *fou →*
3   Ce monsieur, <u>digne</u> *written* de pitié, ne mérite pas son sort. *pauvre ← .*
4   De son initiative <u>personnelle</u> il a abordé la discussion de cette question délicate. *propre ←* *sa .*
5   Elle était douée d'une intelligence <u>pénétrante</u>. *vive →.*
6   Le lendemain il rencontra un camarade de classe <u>qu'il n'avait pas revu depuis son
    enfance</u>. *ancien ↔*
7   C'était pour lui une <u>cruelle</u> déception. *amère →*
8   Le malade commence enfin à faire des progrès <u>insensibles</u>. *léger→*
9   Une <u>puissante</u> odeur d'alcool se répandait dans la cuisine. *forte ←*
10 Un nombre de gens <u>difficile à fixer</u> ont voté contre les travaillistes. *certain ←*
    <u>uncertain</u>

(F)   Use the following prepositions appropriately to fill in the blank spaces in the
sentences below:

par   pour   pendant
sur   sous   contre

1   Philippe ne sera pas là. Il va en Égypte *pour* quinze jours.
2   On lui a demandé de répondre *sous* trois jours.
3   Il resta immobile *pendant* quelques instants. Puis il repartit au trot.
4   Les protestations s'expriment *sous* des formes diverses.
5   *Pendant* des kilomètres la route était bordée de peupliers.
6   J'aurais voulu échanger notre bagnole *pour* la nouvelle Renault. *contre*
7   Le soir, *par* beau temps, ils s'asseyent au jardin.
8   Il obtint le poste *par* l'intermédiaire de son oncle.
9   Il aimait se promener *sous* la pluie.
10 Il écrivit au syndicat d'initiative pour se renseigner *sur* la région.
11 Il fut arrêté *par* deux policiers.
12 *Contre* toute réponse il esquissa un sourire. *Pour* .
13 Nous aurions dû passer *par* Angers.
14 Ils entrèrent dans la vieille grange pour s'abriter *contre* la pluie.
15 *Pour* mon compte, j'aimerais mieux rester à la maison, étant casanier. *stay at home*
    { *as for me*
    { *for my part*

───── SECTION 4 ─────

Translate the following passages into French. Most of the vocabulary you require is to be
found in Section 2 (a) and (d).

(A)   It has just been announced on the radio that the Liberals, who returned to power
several months ago, would like to modify Law 101 on behalf of those speaking English, a
few of whom have during recent months infringed certain regulations[1], no doubt hoping

*Par beau temps
in good weather.*

there would shortly be an amnesty. If the opportunity presented itself, the diehards would abolish the Charter without the least hesitation!

Amongst the recent immigrants there are those who, in defiance of [2] the law, have been enrolling their children in the English schools, which is understandable[3] if one takes into account the dominant role of English in Canada and the United States. These children should[4] be attending schools where the education offered[5] them is in the official language of the province.

Notes
1   le règlement
2   au mépris de
3   Use 'se comprendre'
4   Verb and tense?
5   Paraphrase: 'which one offers them'

(B)   The opponents of the present government view[1] the future with concern, regarding[2] its language policy. Despite the efforts of the French speaking majority in the 60s and 70s to impose their language, they are now witnessing its gradual erosion.

Strolling through the streets, one cannot fail[3] to notice that more and more slogans in support of [4] Law 101 are being placed on balconies by private citizens. Fortunately, these streets are not yet filled with demonstrators and no riot has taken place.

According to friends in Montreal, however, a few extremists, after they had armed themselves with Molotov cocktails, last week appear to have destroyed[5] the windows of one of the big shops, which carried signs in English. Obviously, the management[6] should have[7] been prosecuted.

Notes
1   envisager
2   en ce qui concerne
3   manquer de
4   à l'appui de
5   What tense expresses 'appear to have destroyed'?
6   la direction
7   Verb and tense?

déchirer = to tear up

UNIT 7

SECTION 1

Translate the following passage into English:

Flying into a storm

Le radio navigant du courrier de Patagonie, une heure plus tard, se sentit soulevé
doucement, comme par une épaule. Il regarda autour de lui: des nuages lourds
éteignaient les étoiles. Il se pencha vers le sol: il cherchait les lumières des villages,
pareilles à celles de vers luisants cachés dans l'herbe, mais rien ne brillait dans cette herbe
noire.   5
  Il se sentit maussade, entrevoyant une nuit difficile: marches, contremarches, territoires
gagnés qu'il faut rendre. Il ne comprenait pas la tactique du pilote; il lui semblait que l'on
se heurterait plus loin à l'épaisseur de la nuit comme à un mur.
  Maintenant, il apercevait, en face d'eux, un miroitement imperceptible au ras de
l'horizon: une lueur de forge. Le radio toucha l'épaule de Fabien, mais celui-ci ne bougea   10
pas.
  Les premiers remous de l'orage lointain attaquaient l'avion. Doucement soulevées, les
masses métalliques pesaient contre la chair même du radio, puis semblaient s'évanouir, se
fondre, et dans la nuit, pendant quelques secondes, il flotta seul. Alors il se cramponna
des deux mains aux longerons d'acier.   15
  Et comme il n'apercevait plus rien du monde que l'ampoule rouge de la carlingue, il
frissonna de se sentir descendre au cœur de la nuit, sans secours, sous la seule protection
d'une petite lampe de mineur. Il n'osa pas déranger le pilote pour connaître ce qu'il
déciderait, et, les mains serrées sur l'acier, incliné en avant vers lui, il regardait cette nuque
sombre.   20

Antoine de Saint-Exupéry, *Vol de Nuit*
William Heinemann

Vocabulary
le radio navigant   wireless operator
le courrier   mail plane
le longeron   spar (of wing)

SECTION 2

(A)   Read the following passage, then answer the questions below, in English:

12 millions de clandestins

L'immigration clandestine est un phénomène mondial.

Le 30 novembre dernier, sur TF 1, le Premier ministre a dit qu'il fallait intensifier
l'expulsion des étrangers clandestins. Depuis, les ministères de l'Intérieur et de la Sécurité
étudient de nouvelles mesures. Il faut déchirer le voile d'hypocrisie ou d'ignorance qui
entoure dans notre pays le sujet douloureux de l'immigration clandestine. Il y a en France
un nombre appréciable de chefs d'entreprise qui créent une offre de travail clandestin   5
susceptible d'attirer des étrangers et de les inciter à tenter leur chance.

45

Le mobile de cette offre est moins qu'on ne le croit d'obtenir du travail au rabais. Les rémunérations du clandestin ne sont pas tellement inférieures à celles du salarié en situation légale. Les cas que l'on cite concernent en général la confection à Paris dans deux quartiers très précis (le Sentier dans le 2ᵉ arrondissement et Chinatown dans le 13ᵉ). Les cas extrêmes donnent une vue très partielle des problèmes! La motivation des employeurs est triple: ne pas payer de charges sociales; pouvoir exiger un temps de travail bien supérieur à celui qu'autorise la loi; mettre un terme aux services du clandestin à l'heure choisie par l'employeur et sans avoir à l'indemniser.

Il y a quatre secteurs qui offrent du travail aux clandestins: la petite confection, déjà citée, en raison des fluctuations de la mode qui obligent à mettre rapidement sur le marché des articles éphémères; l'agriculture, et pas seulement pour le travail saisonnier; le bâtiment et les travaux publics, surtout quand ils ont à respecter des délais courts; enfin le tourisme d'été et d'hiver, tant pour la petite hôtellerie que pour les services. Il faut y ajouter deux autres débouchés non négligeables. Beaucoup d'immigrés en situation régulière tiennent des fonds de commerce, en alimentation surtout: ils n'hésitent pas à engager des clandestins. Nombre de particuliers qui prennent une femme de ménage ne lui demandent pas si son mari a un permis de séjour.

Combien y a-t-il en France de travailleurs clandestins? 500 000, répond l'ancien secrétaire d'État au Travail manuel, Lionel Stoleru. Au ministère du Travail, on donne officieusement le chiffre de 300 000 personnes exerçant un emploi à temps partiel ou à plein temps. La quasi-totalité de ces irréguliers sont entrés avec un visa de tourisme valable trois mois et ne sont pas partis à l'expiration de ce délai. Leur activité, quand ils en ont une, se confond avec le travail au noir dont elle est une partie.

L'immigration clandestine est un phénomène commun à tous les pays industrialisés. Tous luttent contre elle et, s'ils ont réussi à la freiner, aucun ne l'a arrêtée. C'est qu'elle est inscrite dans le déséquilibre de l'économie mondiale. Il y a des pays où l'on vit correctement, comme le nôtre. Et des pays où tout est précaire: le travail, les équipements publics et même la nourriture. Les premiers exercent sur les seconds une fascination irrésistible. Les plus débrouillards tentent leur chance de passer des zones défavorisées vers les autres.

A ma connaissance, il n'y a qu'une seule étude qui ait été faite sur ce sujet à l'échelle planétaire: 'Économie politique des migrations clandestines' (Publi Seuil). Ses auteurs sont trois économistes ou sociologues: Yann Moulier-Boutang, Jean-Pierre Garson et Roxane Silberman. Ils retiennent comme estimation probable de l'immigration clandestine (Asie exceptée) le chiffre de 12 millions de personnes. C'est aux États-Unis, terre d'accueil traditionnelle, que le phénomène est le plus développé et qu'il a été le mieux étudié.

Roger Priouret, *Le Nouvel Observateur*

Vocabulary
le travail au noir   moonlighting

1   How have certain employers aggravated the problem of illegal immigration in France?
2   In what three ways does an employer gain most from this form of employment?
3   Why are the services of these immigrants particularly sought in the clothing industry?
4   What features do the first four areas of employment mentioned have in common?
5   In what other capacities do immigrants often gain employment?
6   Explain how these immigrants enter France.
7   How successful have the industrial nations been in eliminating illegal immigration?
8   For what reasons do immigrants leave the country of their birth?

(B)   Express the opposite of the following words, ten of which are to be found in the above passage.

permanent	employeurs	supérieur
favorisé	le travail	l'équilibre
à plein temps	renvoyer *(to hire)*	officiellement
émigrés	irrégulier	repousser

Use ten of the twelve words and phrases you have listed to complete the following sentences, making any grammatical changes necessary.

1 Son emploi *à mi-temps* _____ lui permettait de sortir l'après-midi.
2 A la suite des entrevues on *engagé*, comme prévu, *(expected)* le plus expérimenté des deux candidats. Il s'y attendait.
3 Pendant les grandes vacances elle travailla comme _____ *un employé* de restaurant.
4 Il a entendu dire *officieusement* que le ministre a déjà démissionné *(left)*, mais on n'a pas encore confirmé la nouvelle.
5 Dans le bâtiment l'hiver entraîne *(brings about)* souvent un long *congé*
6 Est-ce que 'cueillir' est un verbe *régulier*? Mais non!
7 Vouée aux bonnes oeuvres, la comtesse organisa une quête au profit des enfants *défavorisé* *(collection)*
8 Sa dissertation était d'une qualité nettement _____ *(inferior)* à ce qu'on attendait *(expected)* de lui.
9 Ayant tant à offrir au grand public, Beaubourg ne manque pas d'*attirer* les foules.
10 La libellule est un de ces insectes *éphémères* *(dragonfly)* qui ne vivent qu'un jour.

(C)   Using your own words, define in French the following:

1 un permis de séjour
2 un travail saisonnier *un délai = time limit*
3 une femme de ménage
4 un chef d'entreprise
5 engager un clandestin
6 une zone défavorisée *underpriveledge*
7 la terre d'accueil
8 un visa de tourisme

(D)   Complete the passage below by inserting the following words into the blank spaces:

y	la	partir	eux
ceux	le	raisons	pleine
notre	puisque	nés	qui
conscience	droit	caractère	mieux
seconde	permettait	à	fin

La Querelle de la Nationalité

On acquiert la nationalité par *la* naissance ou par la naturalisation. Ceux qui sont naturalisés ont demandé à l'être. *Ceux* qui naissent de parents français sont français. Restent les fils d'étrangers *nés* en France.

L'Ancien Régime privilégiait le droit du sol. La Révolution française a privilégié le *droit* du sang: où qu'il naisse, un fils de Français reste français. Est-ce réciproque pour les fils d'étrangers? Pour *eux*, la Révolution laisse subsister le droit du sol, mais *y* ajoute le respect de la volonté individuelle . . . . *(wish)*

être = de
avoir = à *just obliger only*

On y revient aujourd'hui. On avait changé la loi à la ~~fin~~ du XIXe siècle, quand la France avait pris *conscience* de son déclin démographique et du déséquilibre militaire *à* l'égard de l'Allemagne. A *partir* de 1889, tout fils d'étranger né en France devient français s'il ne décline pas cette nationalité. Dans le Code civil, il était automatiquement étranger, et sa volonté lui *permet* de devenir français . . . .

Si l'on revient au Code civil des Français, c'est pour deux *raisons*. La première est que l'on veut donner à l'acquisition de la nationalité française un *caractère* plus volontaire et plus solennel. *solemn -*

La *seconde* raison est que le gouvernement, sans *le* dire explicitement, veut restreindre l'accès à la nationalité.

Ce *qui* suscite deux critiques. *Puisque* notre faiblesse démographique persiste, nous devrions continuer d'assimiler et de franciser les populations étrangères vivant sur *notre* sol. La nouvelle loi ne va pas faciliter l'assimilation de ces étrangers *mieux* vaudrait qu'ils deviennent rapidement français et qu'ils vivent ainsi en *pleine* sécurité . . . .

Jean-Claude Casanova, *L'Express*

(E) For each sentence that follows write a fresh sentence, retaining as far as possible the meaning of the original sentence but including the word(s) given in brackets.

1 Le premier ministre a dit qu'il fallait intensifier l'expulsion des étrangers clandestins. (nécessaire) *était nécessaire d'*
2 La quasi-totalité de ces irréguliers sont entrés avec un visa de tourisme. (presque) *presque tous*
3 300 000 personnes exercent un emploi à temps partiel. (ne . . . que la moitié) *ne travaillent que la moitié du temps*
4 Ils mettent un terme aux services des clandestins sans avoir à les indemniser. (obligé) *être obligé de*
5 Il y a beaucoup d'immigrés en situation régulière. (avoir un emploi) *qui ont un emploi*
6 Ils exigent un temps de travail bien supérieur à celui qu'autorise la loi. (heures, long) *avec des heures plus longues*
7 Ils n'hésitent pas à engager des clandestins. (sans) *hésitation*
8 Autant qu'ils sachent, il n'y a qu'une seule étude qui ait été faite sur ce sujet. (connaissance)

(F) Using 'temps' with a suitable preposition or article, or both, complete the following sentences. Each blank represents a word. 'Temps' means either 'time' or 'weather'.

1 Pour rattraper *le temps* perdu ils pressèrent le pas.
2 Par *en temps* pareil il vaut mieux ne pas sortir. *avec en temps*
3 *De temps* à autre ils rendent visite à leurs parents.
4 En se dépêchant ils arriveront peut-être *à temps* pour voir le défilé.
5 Il a marqué *un temps d'arrêt* avant de reprendre son discours. *pause*
6 *à la* mi-*temps* les joueurs ont quitté le terrain.
7 Il prit un raccourci pour gagner *du temps*. *short cut.*
8 Après bien des mois il trouva un emploi *à* plein *temps*
9 *Le temps* est à la pluie. *It's going to rain*
10 En attendant son arrivée ils parlèrent de la pluie et *du* beau *temps*
11 *Un temps* de guerre
12 *Par les temps* qui courent une aggravation du chômage paraît inéluctable. *unavoidable.*

In current times
In todays climate

SECTION 3

(A)   Before undertaking the three exercises that follow, consider in a reference grammar (1) the comparative and superlative of adjectives and adverbs (2) the use made of demonstrative adjectives and pronouns and (3) of possessive adjectives and pronouns.

Several relevant examples are to be found in the reading comprehension passage of this unit.

In the first exercise rewrite the sentences inserting the adjective or adverb in brackets *in its superlative form* to complete the sense.

1   Ce sont les immigrants qui s'adapteront à leur nouvelle existence. (débrouillard) (vite)   *les plus débrouillards   le plus vite   manage.*
2   J'aime la soupe à l'oignon. (bien)   *le mieux*
3   En ce moment la France a l'équipe internationale d'Europe. (bon)   *la meilleure*
4   On lui offrit la chaise. (peu confortable)   *la moins confortable*
5   C'est une des cathédrales gothiques du pays. (beau)   *plus belle   or les plus belles (after*
6   Le chirurgien opéra d'abord celle qui avait été blessée. (grièvement)   *surgeon   la plus grièvement.*
7   Je n'éprouvais pas l'envie d'y retourner. (petit)   *least   la moindre envie d'y ----*
8   Malheureusement Chantal est une de nos élèves. (paresseux)   *les plus paresseuses*
9   Dans l'intention de les choquer il mit sa cravate. (voyant)   *plus voyant.*
10   En apprenant que son ami était mort subitement il s'affaissa. (vieux)   *plus vieil   le plus vieil*
11   D'après les journaux ce serait le désastre ferroviaire du siècle. (mauvais)   *le pire / le plus mauvais*
12   On a convoqué les candidats qualifiés. (bien)   *interviewed   les mieux   meilleurs*

(B)   Use the outlines provided to write full sentences making some form of comparison. Grammatical changes will be necessary: not all the verbs, for example, will remain in the infinitive. Some of the sentences relate to the passage in Section 2.

e.g. 'Je ne comprends pas _____ sa note _____ meilleur que _____ , étant donné qu'elle _____ autant _____ fautes _____ moi.'

becomes

'Je ne comprends pas <u>pourquoi</u> sa note <u>est</u> meilleure que <u>la mienne</u>, étant donné qu'elle <u>a</u> autant <u>de</u> fautes <u>que</u> moi.'   *raask   given that*

1   Sans moi, elle aurait <u>posé</u> sa candidature <u>plus</u> tard <u>que</u> les autres. Peut-être, trop tard!   *applied*
2   Heureusement la situation internationale <u>est moins</u> grave <u>qu'</u> elle <u>n'en à l'air</u> l'air.
3   Quant à Guillaume, je <u>le</u> trouve tout <u>aussi</u> fort <u>en</u> français <u>que</u> sa soeur.
4   Le niveau de vie <u>du</u> Français moyen <u>est</u> beaucoup <u>plus</u> élevé <u>que celui</u> des immigrés.
5   Enfin il <u>s'est</u> se décider à déménager; il valait mieux chercher <u>du</u> travail ailleurs <u>que</u> rester à Lille <u>au</u> chômage.   *made up his mind*
6   Le succès de Patrick est <u>d'</u> autant <u>plus</u> surprenant <u>qu'il</u> ne s'entraîne <u>que</u> rarement.
7   Elle était moins fatiguée <u>qu'elle</u> aurait été si elle <u>était</u> aller <u>à la</u> disco.
8   Il <u>est</u> difficile de comprendre pourquoi les immigrés <u>ont</u> envie de <u>passer</u> zone <u>plus</u> défavorisée <u>que</u> leur.   *dés*
9   Nous ferions mieux <u>de nous</u> s'abriter <u>que de</u> continuer <u>ex</u> chemin si <u>la neige</u> s'épaissit.   *thicker   shelter   notre   le brouillard*
10   Les <u>immigrés</u> recevoir des rémunérations à peine <u>moins</u> élevées que <u>celles</u> du salaire en situation légale.   *clandestins recevront*

sur en plus que = all the more so
voyant = clashes -loud.

tout aussi fort
{ equally / just } as good as

[handwritten top: Ça = cela]
[handwritten: ceux = those]

(C)   Use demonstrative pronouns ('ce, ceci, cela' or 'celui', etc.) to complete these sentences. 'Celui' etc. must be used in conjunction with 'qui, que, dont, de, -ci' or '-là'.

1   Il n'est pire aveugle que _celui qui_ ne veut pas voir. (proverb)

2   Pierre fouilla longtemps dans ses poches avant de trouver la lettre. Il la sortit et la tendit à son ami. 'Écoutez _ceci_ !' dit _il_ en la dépliant.

3   _Cela_ vous ferait beaucoup de bien', ajouta le docteur. 'Moi, je fais du jogging tous les matins.'

4   Les opinions exprimées par les élèves ne sont pas toujours _celles du_ le professeur.

5   _Celle qui_ est nommée à ce poste devra faire un stage avant d'être titularisée.

6   Ces jumelles-là coûtent trop cher, _celles-ci_ feront mon affaire, je crois.

7   _Cela_ nous ferait grand plaisir à tous de vous revoir.

8   _Ceux qui_ sont en situation d'échec scolaire ont parfois des problèmes de vision ou d'audition.

9   Quant aux candidats, _ce_ n'est pas la peine de considérer _ceux dont_ les notes en maths sont au-dessous de la moyenne.

10   L'aléatoire de cette profession est tel, que vous feriez mieux d'exercer _celle de_ votre père.

(D)   There are many (semi-) prepositional phrases followed by nouns or used with possessive adjectives. Compare, for example, 'il n'a rien dit <u>au sujet de</u> l'incendie' with 'il n'a rien dit <u>à mon sujet</u>'.

Complete the sentences, using in each a different phrase, chosen from the list below, together with a suitable possessive adjective. You will need only 10 of the 12 phrases.

aux dépens de *[at the expense of]*   de la part de *[on behalf of / from]*
à l'égard de *[regarding / considering]*   sur le passage de *[in the path of]*
à la hauteur de *[level with]*   à la place de *[instead of]*
à l'insu de *[without / not knowing]*   à (la) portée de *[within reach]*
à l'intention de *[for the attention of]*   à la recherche de *[looking for]*
*des nouvelles de *[news of]*   à la rencontre de *[to meet / meeting]*

*not strictly speaking prepositional

1   Est-ce que les élèves lui sont reconnaissants du manuel qu'il a écrit _à leur intention_ ?

2   Quand nous sommes arrivés _à sa hauteur_, le vieillard s'est découvert poliment. *[politely]*

3   Qu'est-elle devenue? Personne n'a reçu _de ses nouvelles_ ces derniers temps.

4   _Sur son passage_ tous les jeunes gens se retournèrent. Elle était ravissante. *[pretty]*

5   Le docteur put dissiper les craintes qu'éprouvaient mes parents _à mon égard_.

6   N'oublie pas de dire bonjour à ton frère _de ma part_.

7   Les deux alpinistes n'étant pas descendus à la tombée de la nuit, les guides partirent _à leur recherche_.

8   _À notre insu_, des amis avaient organisé une boum. Nous ne nous y attendions pas.

9   Il sortit du wagon et jeta un regard vers la sortie, en se demandant si son beau-frère était venu _à sa rencontre_.

10   La malade avait toujours un verre d'eau et de l'aspirine _à sa portée_.

(E)   tant *[so much / as much]*   autant *[as much]*   moins *[less]*   mieux *[better/best]*

Consider carefully the meanings and uses of the above adverbs before inserting them, suitably, into the following contexts. In some cases you will have to add 'le, de, du, à, au' or 'en'.

[handwritten bottom: Il m'a donné de ces nouvelles.]
[handwritten: donner tes nouvelles]
[handwritten: Donner des nouvelles de quelqu'un]

(handwritten: le mieux)
1 _____ est l'ennemi du bien. (proverb)
2 *(handwritten: Tant)* bien que mal il est venu à bout du travail. *Somehow or other.*
3 La différence de prix est négligeable. *(handwritten: autant)* vaut passer la nuit ici. (not 'mieux')
4 À *(handwritten: moins)* d'être trop fatigué, venez ce soir vers 9 heures.
5 Ils firent de leur *(handwritten: mieux)* pour l'en dissuader.
6 Elle était *(handwritten: d'autant)* plus surprise, qu'elle avait oublié l'incident. *(handwritten: all the more/ d'autant plus.)*
7 *(handwritten: autant)*, c'est ce qu'il a dit tantôt. *(handwritten: sometime (just now))*
8 Elle a été élue, *(handwritten: en tant as a)* qu'institutrice, pour les représenter.
9 *(handwritten: Tant)* que vous serez à Londres, vous logerez chez nous.
10 Le bureau n'est qu'à deux pas. Vous serez là dans *(handwritten: moins de)* cinq minutes.
11 Il vaut *(handwritten: mieux)* apprendre tous les verbes irréguliers.
12 Elle est montée en pleurant dans sa chambre, *(handwritten: tant)* elle était déçue. *(handwritten: so much.)*
13 En *(handwritten: moins)* de rien, la réparation fut faite.
14 *(handwritten: Mieux)* vaut tard que jamais. (proverb)
15 Quand j'y suis entré, il y avait _____ une centaine d'élèves. *(handwritten: au moins / at least)*

SECTION 4

Translate these two passages into French. Much of the vocabulary is to be found in Section 2.

(A) On television, the Prime Minister recently explained why new measures will have to be considered, in view of the present number of illegal immigrants. The problem is all the more disturbing because there are many heads of firms who are keen to *employ them.

It's not just a question of avoiding social security contributions. Employers can also end an immigrant's employment at a time of their choosing and, at the same time, require extra hours of work each day.

The fact remains that more than a quarter of a million of these people – this figure is unofficial – have full or part-time employment and will do their utmost to remain in France.

* Do not use 'employer' here.

*(handwritten: Merci de m'avoir donnés de tes nouvelles.
Thanks for giving me your news)*

Vocabulary
actuel(le)
tenir à
il s'agit de + inf.
également
supplémentaire
toujours est-il que . . .

(B) It is not difficult to understand why the inhabitants of a 'poor' country, whose relatives have regular employment in a country where the standard of living is much higher than in their own, are ready to try their luck elsewhere and, at any price, to try and lead a less precarious existence.

One might well wonder, however, how they have entered France. It's enough to obtain a tourist visa. When this is out of date, they have no intention at all of leaving.

Many of them *work in the building trade or do seasonal work on a farm. Those who take them on rarely ask to see their residence permits.

* Compare 'plusieurs d'entre eux'.

Vocabulary
ailleurs
coûte que coûte
il suffit de + inf.
se procurer
ne . . . nullement

Insolite = unusual.

un bouc emmissaire = a scapegoat.

UNIT 8

--- **SECTION 1** ---

Translate the following passage into English:

Robinson goes exploring

Puis il ramassa une branche pour s'en servir de canne, et il s'enfonça dans le taillis
d'épineux qui couvrait le pied des promontoires volcaniques du sommet desquels il
espérait pouvoir s'orienter.

Peu à peu la forêt s'épaissit. Aux épineux succédèrent des lauriers odoriférants, des
cèdres rouges, des pins. Les troncs des arbres morts et pourrissants formaient un tel   5
amoncellement que Robinson tantôt rampait dans des tunnels végétaux, tantôt marchait
à plusieurs mètres du sol, comme sur des passerelles naturelles. L'enchevêtrement des
lianes et des rameaux l'entourait comme d'un filet gigantesque. Dans le silence écrasant
de la forêt, le bruit qu'il faisait en progressant éclatait avec des échos effrayants. Non
seulement il n'y avait pas la moindre trace humaine, mais les animaux eux-mêmes   10
semblaient absents de ces cathédrales de verdure qui se succédaient devant ses pas.
Aussi songea-t-il à une souche à peine plus bizarre que d'autres lorsqu'il distingua, à une
centaine de pas, une silhouette immobile qui ressemblait à celle d'un mouton ou d'un
gros chevreuil. Mais peu à peu l'objet se transforma dans la pénombre verte en une sorte
de bouc sauvage, au poil très long. La tête haute, les oreilles dardées en avant, il le   15
regardait approcher, figé dans une immobilité minérale. Robinson eut un frisson de peur
superstitieuse en songeant qu'il allait falloir côtoyer cette bête insolite, à moins de faire
demi-tour. Lâchant sa canne trop légère, il ramassa une souche noire et noueuse, assez
lourde pour briser l'élan du bouc s'il venait à charger.

Michel Tournier, *Vendredi ou les limbes du Pacifique*
Collection Folio (Originally Éditions Gallimard 1972)

--- **SECTION 2** ---

(A) Read the following passage, then answer the questions below in English:

1936 – une époque si proche de nous et pourtant si différente

*La crise de l'emploi atteint des proportions considérables. Le nombre des chômeurs
secourus approche du demi-million. Pour l'époque, et pour la France, ce chiffre est
considérable.
> Réduite au chômage, victime de la déflation, la population ouvrière française vit mal et,
pour commencer, est mal logée . . .   5
    * Le fait de ne pas avoir la moindre installation sanitaire ni même l'eau courante – en
France, les deux tiers des maisons à usage d'habitation en sont dépourvues – ne suffit pas
à valoir à un logement le qualificatif d'insalubre.
    * Dans le domaine du vêtement se marquent tout à la fois la plus nette évolution par
rapport aux époques précédentes et la plus rapide transformation. Depuis la fin de la   10
Première Guerre mondiale, cette révolution se traduit par l'abandon progressif des
caractéristiques vestimentaires qui permettaient dans la rue de distinguer un couple
d'ouvriers d'un ménage bourgeois . . .

La révolution pacifique qui s'accomplit au cours des mille jours du Front populaire va
15 rétablir une autre différence entre prolétaires et bourgeois. On verra les ouvriers
prolonger, par les vêtements portés en semaine, la libération amorcée pendant le week-
end ou en vacances. Alors que le bourgeois ou l'employé ne peuvent échapper à la
servitude du col blanc, de la cravate, du gilet, voire du chapeau, des gants et de la canne,
l'ouvrier aura pris goût au col ouvert, au pull de laine.
20 Les employés représentent une portion importante de la population urbaine. *Leur
situation matérielle n'est guère plus enviable que celle des ouvriers, mais ils ont, dans tous
les domaines de la vie courante, un comportement social et des habitudes différentes . . .
Beaucoup ont fait des études secondaires – mais ils les ont rarement poursuivies
jusqu'au baccalauréat. Ils peuvent appartenir à de nombreuses entreprises mais,
25 traditionnellement, on retient comme exemple les employés des grands magasins
parisiens.
*Avant même l'embauche, l'enquête menée par un service de police privée 'inter-
magasins', le questionnaire écrit, l'interrogatoire serré mené par le chef du personnel
donnent un avant-goût de ce que sera l'ambiance de travail si, par chance, on est accepté.
30 Voici en quels termes le directeur du personnel d'un grand magasin parisien décrit le
vendeur idéal :
'Taille au moins moyenne, extérieur agréable, pas de lourdeur dans les mouvements,
démarche plutôt gracieuse (personnes à lunettes peu recommandables), élocution
correcte et facile, bonne mémoire et durable, compréhension rapide, argumentation
35 convaincante, aptitude marquée au calcul, goût artistique, habileté manuelle, etc.'
L'heureux élu (ou l'heureuse élue) est convoqué pour 8h 45. La journée s'achèvera à
18h 45. Au Printemps, en janvier 1936, le repas du restaurant d'entreprise servi aux six
mille employés dans des conditions effroyables de presse et d'inconfort, est compté six
francs . . .
40 *Dans certains magasins, pour éviter que le déjeuner ne fournisse l'occasion de
conversations portant sur les conditions de travail, et revête un caractère revendicatif, un
haut-parleur débite en permanence des 'pensées' d'une haute tenue morale, des conseils
professionnels, des communiqués de la direction . . .
Et les bourgeois? La IIIe République est leur république. Qu'il s'agisse de l'habitat, du
45 vêtement ou de l'alimentation, la bourgeoisie française a conservé, pour l'essentiel, ses
privilèges.
*On entend les maîtresses de maison se plaindre de la difficulté que l'on éprouve à 'être
servi' – mais difficulté n'est pas impossibilité. On voit des familles de la 'meilleure'
bourgeoisie se résigner à habiter des appartements 'modernes' qui leur paraissent des
50 pigeonniers exquis à côté des étages nobles occupés par la génération précédente . . .
Et surtout, stationne désormais devant la porte – signe des temps mais aussi
démonstration d'une aisance perceptible par tous les voisins – l'automobile . . .
Plus de deux cents familles disposent, en France, de revenus leur permettant d'avoir
plusieurs domestiques, plusieurs résidences, plusieurs voitures dont une au moins avec
55 chauffeur en livrée . . .
*Cette 'société' parisienne assure, conjointement avec une société cosmopolite qui ne
fait que passer, la prospérité des commerces de luxe: joailliers de la place Vendôme,
fourreurs de la rue La Boétie, grands couturiers, carrossiers . . .
On la voit, vers la fin de la nuit, en habit et cape de soirée, robe longue et étole de
60 fourrure, déambuler en riant et criant très fort, entre les cageots de légumes, parmi les
travailleurs de force des halles pour la 'démocratique' soupe à l'oignon du petit matin.

Henri Noguères, *Paris Match*,
Extraits de 'la Vie quotidienne en France au temps du Front populaire'
Librairie Hachette 1977

1   What indications do we have that times were hard for the French working classes?
2   What amenities were lacking in the majority of French homes? How seriously did
the authorities appear to view this matter?

3 Explain the change taking place at this time in the way the working man dressed. In what way does the author indicate sympathy for the more formally dressed white-collar worker?
4 What steps did the personnel manager of a Parisian department store usually take to ensure that he chose the best applicant for the job of shop assistant?
5 Setting aside physical attributes, what other qualities was the manager seeking?
6 Why, at lunch time, in the staff canteen of certain stores, were loud-speakers being used?
7 What was the nature of these broadcasts to the staff?
8 What kind of accommodation was being sought at this time by the well-to-do? What do we learn about their previous accommodation?
9 Which Parisian businesses, patronised by the wealthy, flourished in this period?
10 When and in what surroundings did the wealthy enjoy their 'soupe à l'oignon'?

(B) Study the following pairs of definitions. Each pair corresponds to a word in the above text. List the eight words defined and after each put A or B to show which definition is appropriate in this context:

1 A couple constituant une communauté domestique
   B travaux concernant la propreté des intérieurs   *ménage*
2 A manière dont une personne est habillée
   B qualité d'une oeuvre qui respecte la moralité   *tenue*
3 A ensemble des services administratifs dirigeant la marche d'une entreprise   *la direction*
   B côté vers lequel est orientée une chose
4 A partie rétrécie du corps humain située à la jonction du thorax et de l'abdomen *la taille.*
   B hauteur du corps humain
5 A recherches ordonnées par une autorité administrative
   B étude d'une question par l'accumulation de témoignages, d'expériences   *l'enquête (inquiry)*
6 A commencer à effectuer quelque chose
   B garnir d'un appât *bait*   *amorcée*
7 A vendre de la marchandise au *retail* détail   *débité*
   B énoncer des mots avec monotonie, de manière continue
8 A sens qui permet de discerner les saveurs des aliments   *goût*
   B sens intuitif des valeurs esthétiques en général

(C) Insert the words listed here, suitably, into the passage that follows:

constate 18 *establish the up*	laquelle 10	en	soumis 14 *submit*
de 5	depuis 9	ont 10	puissants 6 *powerful.*
rembourser 16 *pay back*	on 17	campagne 1	serrés 11 *squeezed/tight.*
moins 2	va 12	passé 3	pour 15
moindres 13 *least*	temps 4	valets 8	la 7

Si l'on passe, en 1935 ou 1936, de la ville de province à la _1 campagne_, tout au _2 moins_ dans certaines régions, on a l'impression d'avoir soudain remonté le _3 passé_ et de se trouver emporté dans un _4 temps_ lointain. Dans les riches départements où la monoculture est pratiquée sur _5 de_ vastes espaces par un nombre limité de _6 puissants_ propriétaires, on trouve la masse _7 la_ plus importante du prolétariat agricole – journaliers, _8 valets_ *day workers* de ferme – dont la condition ne semble guère avoir fait de progrès _9 depuis_ l'Ancien Régime.

J'ai vu, dans un grenier de ferme, _10 en_ Beauce, non pas même les paillasses, mais la paille sur _11 laquelle_ ces hommes dormaient, plus _12 serrés_ que les bestiaux – et moins considérés, cela _13 va_ de soi, car susceptibles d'être remplacés à _13 moindres_ frais . . .

Les petits paysans, tous les petits paysans, qu'ils produisent des céréales ou du vin, sont

It stand

__14__ , et depuis longtemps, à un système qui fait d'eux les victimes de la spéculation: ils sont, en effet, pressés de vendre leur récolte, __15__ payer le fisc, s'acquitter du fermage, s'ils sont fermiers ou métayers, __16__ le Crédit Agricole s'ils ont emprunté.

En 1937 __17__ apprend que 95 pour cent des communes rurales sont électrifiées. Mais si l'on va au fond des choses, on __18__ que si les communes __19__ l'électricité, les 'écarts' – c'est-à-dire justement les fermes, les exploitations agricoles – ne l'ont pas encore.

Henri Noguères, *Paris Match*,
Extraits de 'la Vie quotidienne en France au temps du Front populaire'
Librairie Hachette 1977

(D)   Complete the following sentences using a word related to the one in brackets at the end of each sentence. The word you require may be a noun, an adjective or a verb.

e.g. 'Ceux qui _____ ces entreprises doivent prévoir de tels problèmes.' (direction) becomes
'Ceux qui <u>dirigent</u> ces entreprises doivent prévoir de tels problèmes.'

1   En 1936 les ouvriers français se trouvaient dans une situation _____ (crise)
2   Pour pouvoir exercer ce métier il lui faut une _____ de fer. (sanitaire)
3   La _____ du collier, dont elle avait hérité, était considérable. (valoir)
4   Il s'est donné beaucoup de mal pour produire une _____ si fidèle (traduire)
5   Il faut que les médicaments soient hors de l' _____ des enfants. (atteindre)
6   Une dame élégante, _____ d'un manteau de vison, descendit du taxi. (vêtement)
7   A cette époque-là les _____ se rendaient en foule au Touquet. (vacances)
8   Il aurait accepté n'importe quel _____ (employer)
9   Connaissez-vous la symphonie _____ de Schubert? (achever)
10   Les pêcheurs bretons s' _____ peu à peu à leurs rudes travaux. (durable)
11   Les chefs d'entreprise ne se sentaient pas obligés d'écouter leurs _____ (plaindre)
12   Les classes _____ ne manquaient de rien. (privilège)

(E)   Following the skeleton outline provided, complete the sentences below in such a way as to retain as closely as possible the meaning of parts of the passage you have read. The relevant sentences in the passage are marked with an asterisk. Change the form of the verb where necessary.

1   A cause _____ crise de l'emploi _____ nombre important de _____ se trouver en _____ et _____ besoin de _____ .
2   En France, _____ maisons sur _____ aucune installation sanitaire et, _____ même _____ , manquer _____ .
3   _____ comparaison _____ époques précédentes, le vêtement _____ d'une manière très _____ et _____ rapidement.
4   C'est _____ si le niveau _____ des employés _____ élevé que _____ des ouvriers.
5   Avant d' _____ un nouveau _____ , le chef du personnel lui _____ de _____ un questionnaire et _____ serré.
6   _____ cours du _____ les employés _____ obligés _____ des 'pensées' _____ par un _____ .
7   Selon _____ difficile 'd'être servi', et _____ s'en _____ .
8   Grâce à _____ , la prospérité des _____ qui _____ des articles de luxe est _____ .

(F)

apprendre	admettre
comprendre	émettre
entreprendre (de + inf.)	se mettre à + inf.

charger qqn de faire quelchose
se charger de = to see to.

to put s/one in charge

to fall in love with

s'éprendre de qqn	omettre (de + inf.) *omit*
s'en prendre à qqn *to attack s/one verbally*	permettre à qqn de + inf. *permit / allow*
reprendre *take back / try again*	se remettre *to start again — se remettre = to recover*
surprendre - *surprise*	s'en remettre à qqn *to leave it up to (you.)*

'Mettre' and 'prendre' and their compounds (some of which appear above) are used
regularly. Consider carefully the meaning(s) of those verbs listed here before selecting
twelve of them to help you paraphrase the sentences that follow.

e.g.   (se démettre)
'Pour raisons de santé il dut démissionner.' *to resign*
becomes
'Pour raisons de santé il dut se démettre.'

1 Au lycée il étudiera au moins deux langues étrangères. *apprendra (future).*
2 Elle s'est vite rétablie malgré le pronostic du généraliste. *se remette.*
3 Il est tombé amoureux de la fille de nos voisins. *s'est épris de*
4 Il a commencé à sortir avec elle. *s'est mis*
5 Vous pouvez compter sur lui. *Vous en remettre à lui*
6 Il s'était chargé de les mettre au courant. *s'est avait entrepris de les mettre au courant*
7 'Où en étions-nous?' continua-t-il. *reprit - il (p.h)*
8 Les stations côtières diffusent le bulletin météorologique deux fois par jour sur les canaux 27, 61 et 66. *émettent. channel*
9 J'espère bien que vous n'avez pas oublié de les prévenir. *to warn omette omis*
10 Cela ne m'étonnerait pas. *surprendrais*
11 La villa se compose d'un séjour, d'une cuisine, de deux chambres et d'une salle de bains. *comprend*
12 Le mauvais temps nous a laissé la possibilité de peindre la cuisine. *permis*

SECTION 3

The first two exercises are intended to provide some revision of interrogative adjectives,
adverbs and pronouns, as well as question word order.

(A)   Provide the questions that produce the answers below. For the purpose of this
exercise do not introduce 'est-ce que' into your questions and use suitable nouns if the
answer contains the pronouns 'il(s), elle(s), le, la, les, y' or 'en'.

1 _____ exactement, madame? *De quoi vous plaignez vous exactement*
   Du service, monsieur, je me plains du service.
2 _____ des deux _____, mademoiselle? *Laquelle des deux avez vous choisi*
   J'ai choisi celle qui est dans la vitrine, l'autre coûte trop cher.
3 _____? *Vous n'en avez pas acheté ce matin*
   Si, j'en ai acheté ce matin.
4 _____? *Combien kilomètre -a-t-il d'ici à Morlaix?*
   D'ici à Morlaix? Environ huit kilomètres. Vous en aurez pour une heure et demie.
5 _____? *Depuis combien de temps habitez-vous ici (y habitez vous)*
   Depuis six mois. Nous nous y sommes installés en février.
6 _____ où le professeur vous _____ de lire le texte. *jusqu'à où le professeur vous a-t-il demandé de lire le texte.*
   Il nous a demandé de lire jusqu'à la fin du chapitre.

Pourquoi   se sont-ils mis en grève?

7 _____ les ouvriers _____ mis en grève?
Parce qu'on leur a offert une augmentation insuffisante.   *-il*

8 _____? *Combien de temps te faudras-t-il   finish / pour l'achever?*
Il me faudra au moins une heure pour l'achever.

9 _____ passé? *Que s'est-il passé   exactly*
Je ne sais pas au juste ce qui est arrivé. La voiture avait dû déraper.   *skidded.*

10 _____ tu? *A quoi penses-tu?   sat / taken*
Je pensais à l'oral qu'on vient de passer.

11 _____? *D'où vient-elle?*
Elle vient de Paris.   *Combien de fois par semaine vous*

12 _____ par semaine _____ entraînez _____?   *entraînez-v*
Deux fois par semaine. Au stade.

(B) Complete the following questions using one of the four forms of 'quel' (preceded in most cases by a suitable preposition) together with a noun taken from the list below:

e.g.   (couleur)
'_____ est votre nouvelle auto?'
becomes
'De quelle couleur est votre nouvelle auto?'

époque 12.	*extent* mesure 11	*wide* largeur 3
âge 8	réponse 4	raisons 5
distance 6.	instrument 9	temps 7
heure 2.	dames 10	droit 1

De quel droit _____ ouvrez-vous le courrier d'autrui? *some-one else's / others*
2 *Quelle heure* _____ avez-vous? Ma montre avance.
De quelle 3 largeur _____ est cette pièce? Le tapis est assez long.
Quelle 4 réponse _____ Ça, je sais. as-tu faite en entendant cette demande en mariage?
Pour quelles 5 raisons _____ a-t-il démissionné? J'ai du mal à comprendre ses mobiles.
6 *A quelle distance* _____ se trouve Morlaix? Regardez la carte, voulez-vous?
Quel temps 7 _____ fera-t-il demain? D'après la météo, il y aurait des orages.
Dans quel 8 quel mesure âge _____ a-t-on le droit de posséder un cyclomoteur?
9 *De quel instrument* _____ joue-t-elle dans l'orchestre?
10 *Quelles* _____ sont ces *dames*? On ferme dans 5 minutes.
Dans quel 11 mesure _____ peut-on tenir le gouvernement responsable de la crise du logement?
A quelle 12 époque _____ de l'année faut-il tailler les rosiers?   *prune the roses*

The next three exercises offer practice in forming and using the present and perfect subjunctive. Check in a reference grammar, their formation and the type of subordinate clause in which they should be used.

(C) In the following groups of verbs replace the indicative by the subjunctive form of the present tense:

1 il a   *ait*   nous sommes   *soyons*   ils ont   *aient*   je suis   *sois*   nous avons   *ayons*
2 ils font   *fassent*   nous faisons   *fassions*   elle peut   *puisse*
   vous savez   *sachiez*   je vais   *aille*   nous allons   *allions*   il veut   *veuille*
   il pleut   ils veulent   elle sait

pleuve   veuillent   sache

boives   tienne   veniez

3   tu bois   il tient   vous venez
    nous recevons *(recevions)*   il aperçoit *aperçoive*
4   il se plaint *plaigne*   elle entend *entende*   tu choisis *choisisses* *(s)*
    j'écris   vous lisez
    écrive   lisiez   *rose* *z.*

(D)   Replace the infinitives in brackets with the present subjunctive, noting the constructions that require this tense.

1   *Quoique* (*Bien que*) le gouvernement (prendre) *prenne* des mesures pour résoudre ce problème, le nombre des chômeurs augmente toujours.
2   Elle ne veut pas parler de son nouveau projet, *de peur que* vous *ne* le (désapprouver). *désapprouviez*
3   Nous devons *attendre qu'*il (revenir) du Havre. *revienne*
4   *Il est possible qu'*il (recevoir) *reçoive* aujourd'hui une réponse à sa demande d'emploi.
5   Les candidats subissent un interrogatoire serré *avant que* le chef du personnel (faire) *fasse* son choix.
6   *A moins qu'*il *ne* (relire) les œuvres inscrites au programme, le professeur trouvera difficile de l'aider. *unless   relise   or provided that*
7   *Pourvu qu'*il (saisir) cette occasion, il n'y aura pas de quoi vous plaindre. *let's hope   > saisisse   complain*
8   Je *suis* fort *content que* vous vous (être) si vite rétabli. *soyez.*
9   *C'est dommage que* la crise économique ne (permettre) pas aux autorités de réaliser leur plan. *permette*
10 *Il semble que* la bourgeoisie n'(avoir) perdu aucun de ses privilèges. *n'ait*
11 La direction a installé des haut-parleurs *pour que* le personnel (pouvoir) entendre des conseils professionels. *puisse*
12 *Il faut que* le vendeur (posséder) une aptitude marquée au calcul. *possède.   aptitude à (lire)*

(E)   Rewrite the following sentences in such a way that they not only feature the subjunctive but retain the general meaning of the original sentence:

e.g.   'Peut-être qu'ils ont manqué le train.' (il se peut que)
becomes
        'Il se peut qu'ils *aient* manqué le train.'

1   Il pleut à verse; tout de même, cela vous ferait du bien de sortir un peu. (quoique) *pleuve*
2   Quel dommage! Il s'est fracturé la clavicule. (c'est dommage que)
3   Peut-être qu'il ne veut pas nous accompagner. (il se peut que) *il se peut qu'il ne veuille pas.*
4   Elle part en vacances. Essayez de lui en parler avant. (avant que)
5   Il devra vendre sa maison; sinon, il ne pourra pas s'acquitter de ses dettes. (à moins que ... ne ...) *vende sa maison*
6   Il conduira maintenant avec plus de prudence; on pourrait lui retirer son permis. (de peur qu' ... ne ...) *qu'on ne lui retire son permis*
7   Il vaudrait mieux attendre; ils ne sont pas encore prêts. (attendre que) *qu'ils soient prêts*
8   Il a besoin de faire des révisions. (il faut que) *il fasse des révisions*
9   Si l'on entreprend les réformes nécessaires, la France pourra faire face à la concurrence internationale. (pourvu que) *prenne.*
10 Cela me fait très plaisir d'apprendre que vous pourrez nous rendre visite à Pâques. (être (très) content que) *vous puissiez nous*
11 Cette fois il a fait attention aux détails; autrement il y aurait quelque chose à critiquer. (pour que) *il n'y ait rien à critiquer.*
12 A ce qu'on dit, le voleur moderne se sert d'un ordinateur pour s'enrichir. (il semble que) *le voleur moderne se serte   serve*

faire face à = to face (up to) - - - -

─────────────────── **SECTION 4** ───────────────────

Translate the following passages into French:

(A)   Although the 30s are so close, one has only to read an account of life in France at that time to realise that the standard of living to which many Europeans have since grown accustomed was within the reach of relatively few French families in this pre-war period. Essentially, the middle classes had lost none of their many privileges; one does note, however, that in Paris and the large provincial cities, some of the middle-class families, no doubt reluctantly, were exchanging their former large houses for modern, well equipped flats. Provided one *had the necessary income, it was, of course, possible to live as comfortably in France as anywhere else. The wealthy families lacked nothing.

*In modern French, unless the style is literary, the present subjunctive is widely used instead of the imperfect subjunctive. What is important is that, for a variety of reasons, a tense other than the indicative should be heard and/or seen, to convey the mood.

(B)   As for the factory hands and white-collar workers, what did the future hold for them? Because of the economic crisis and, in consequence, the increase in the number of unemployed, the prospects of these two groups, whose social habits differed so widely, were bleak. Even those in regular employment received a wage that would be found quite inadequate nowadays.

With regard to housing – and, on the whole, they were badly housed – their situation was, to some extent, similar to that of many of their compatriots. It appears that *two thirds of houses in France were without running water. Fortunately, the post-war era has brought many improvements in this sphere.

*Il paraît que + indicative

coup de pouce
= *a little help*

épreuve = *test (school)*
ordeal

UNIT 9

SECTION 1

Translate the following passage into English:

Excuses

Quand, ce soir-là, je me retrouvai seul dans ma chambre, une angoisse intolérable m'étreignit l'âme et le corps . . .

J'ouvris ma valise et saisis mon indicateur: Un train! A quelque heure que ce soit, du jour ou de la nuit . . . qu'il m'emporte! J'étouffe ici . . .

L'impatience empêcha longtemps mon sommeil.   5

Lorsque je m'éveillai le lendemain, ma décision n'était peut-être pas moins ferme, mais il ne me paraissait plus possible de fausser politesse à mes hôtes et de partir sans inventer quelque excuse à l'étranglement de mon séjour. N'avais-je pas imprudemment parlé de m'attarder une semaine au moins à la Quartfourche! Bah! de mauvaises nouvelles me rappelleront brusquement à Paris . . . Heureusement j'avais donné mon adresse; on devait   10 me renvoyer à la Quartfourche tout mon courrier; c'est bien miracle, pensai-je, s'il ne me parvient pas dès aujourd'hui n'importe quelle enveloppe dont je puisse habilement me servir.

Au déjeuner je jouai donc la petite comédie que j'avais préméditée:

— Allons bon! Quel ennui! . . . murmurai-je en ouvrant une des enveloppes que m'avait   15 tendues Madame Floche; et comme, par discrétion, aucun de mes hôtes ne relevait mon exclamation, je repris de plus belle: Quel contretemps! en jouant la surprise et la déconvenue, tandis que mes yeux parcouraient un anodin billet. Enfin Madame Floche se hasarda à me demander d'une voix timide:

— Quelque fâcheuse nouvelle, cher Monsieur?   20

— Oh! rien de très grave, répondis-je aussitôt. Mais hélas! je vois qu'il va me falloir rentrer à Paris sans retard, et de là vient ma contrariété.

André Gide, *Isabelle*
Le Livre de Poche (Gallimard)

SECTION 2

(A) Read the following passage and then answer, in English, the questions below:

Nouveau livret scolaire : ce qu'il contiendra

Le candidat au baccalauréat arrivera, dès la prochaine année scolaire, avec un dossier très étoffé devant examinateurs et correcteurs. Le nouveau livret permettra d'obtenir un éventuel coup de pouce selon le mérite.

En quelques pages, il résume la scolarité d'un élève. Et c'est grâce à lui que les jurés d'examens, de concours et autres épreuves sélectives, se font une idée du candidat auquel ils ont affaire. Le livret scolaire est une importante pièce à conviction. Pour aider   5 les juges dans leur démarche et, tout à la fois, garantir une plus grande équité aux candidats, ce livret vient d'être revu et approfondi : il est désormais plus précis sur les résultats scolaires et les capacités de chacun de ses titulaires.

Ces quelques pages sont souvent insuffisantes pour convaincre un jury d'accorder la   10

61

15 réussite à un candidat dont les résultats sont justes. Qui les consulte? Principalement les examinateurs du bac. Que trouvent-ils là, pour le moment?

Rien sur la scolarité primaire. Pour les années de collège, en revanche, la liste des établissements fréquentés, voire des redoublements. Et puis, la note de français obtenue en seconde. Enfin, pour les années de première et de terminale, une moyenne des notes
20 obtenues dans les disciplines principales correspondant à la série du bac choisie. Une brève appréciation des professeurs concernés est mise en parallèle. Jusque-là, rien de plus pour assouvir une saine curiosité et dessiner le portrait du candidat. Tout cela va changer.

Lors de la session 1987 du bac, les élèves de terminale comme ceux de première
25 (invités à se soumettre à l'épreuve anticipée de français) inaugureront un livret nouvelle manière fourmillant d'informations.

Les jurés pourront d'abord affiner leur jugement sur les résultats scolaires proprement dits, grâce à la comparaison de quatre notes par discipline : une note moyenne par trimestre et la moyenne annuelle de l'élève. En parallèle, la moyenne annuelle de la classe
30 dans cette discipline ainsi qu'un minutieux découpage entre le nombre d'élèves de la classe ayant obtenu une moyenne inférieure à 8/20, ceux qui ont entre 8 et 12/20 et ceux qui ont plus de 12/20. On commence à distinguer plus nettement les talents du candidat.

En regard de ces notes, et toujours par discipline, l'appréciation générale du professeur. Comme dans l'ancien livret. Mais cette fois-ci, ce point de vue global est étayé par une
35 liste de capacités requises dans chaque discipline. Ainsi en français, le professeur doit-il juger l'expression écrite, l'expression orale, la maîtrise des méthodes et le savoir personnel et culturel de son élève. Pour chacune de ces capacités, il optera pour la mention satisfaisant, moyen ou insuffisant. En mathématiques, il devra ainsi juger de trois capacités : solidité des connaissances, capacité du raisonnement et qualité de
40 l'expression. En histoire-géographie, cinq talents sont passés au crible : maîtrise des connaissances par rapport au programme, possession des rapports spaciaux et chronologiques, maîtrise des concepts et d'un vocabulaire spécifiques à la discipline et enfin, capacité à construire à l'écrit et à l'oral. Pour l'E.P.S. (éducation physique et sportive) on jugera des performances, de la maturité, des connaissances techniques et de
45 la participation et des progrès. Et ainsi de suite . . . Autant de précieuses indications sur les aptitudes des candidats qui ne se sont pas forcément révélées dans les seules notes.

Un même souci de précision s'affiche dans les mentions. Jusque-là, les candidats au bac partaient pour les épreuves avec un avis très favorable, ou un avis favorable, ou cette laconique annotation : 'Doit faire ses preuves'. Cette dernière rubrique avait tendance à
50 s'enfler au fil des années, rassemblant tout à la fois les élèves franchement paresseux et ceux qui, malgré leur travail, n'atteignent pas la moyenne. Une quatrième rubrique est donc créée : avis assez favorable. Permettra-t-elle de faire le distinguo entre les bosseurs et les fumistes?

B.S., *Le Figaro*

Vocabulary
le bosseur the swot, the plodder
le fumiste the slacker

1 What indications have we in the opening paragraph that the author of this article views the new school record favourably?
2 Who is going to find this document useful and for what purpose?
3 What are the shortcomings of the old school record?
4 Which 'lycéens' took the 'bac' examination in French in 1987?
5 Explain how the new school record, compared with the old, presents the marks a pupil obtains over a period of a year in a particular subject.
6 Which of the pupil's aptitudes is the teacher to assess in French?

7 Express in English the three phrases from which the teacher had to choose for his assessment.
8 What importance is attached to French in the mathematics and history/geography reports?
9 Why is the expression 'doit faire ses preuves' regarded as misleading?

(B) Find in the passage and list the ten words defined below:

1 se dit de celui qui a le droit de posséder *titulaires*
2 satisfaire pleinement *assouvir*
3 nombre obtenu en divisant la somme de plusieurs quantités par leur nombre *la moyenne*
4 réussite ou échec à un examen *les résultats* *feuille de*
5 personne chargée d'interroger les candidats aux épreuves orales d'un examen *les juré* *un*
6 qui est seulement du domaine du possible *capacités*
7 qui évite l'effort *les paresseux*
8 matière qui est objet d'étude *la discipline*
9 ce qui rend une personne digne d'estime, de récompense *la maturité / les*
10 description orale, écrite d'une personne *le portrait du candidat* *bosseurs*

(C) Give your own definition in French of the following:

1 le trimestre *trois mois*   5 le livret scolaire
2 la scolarité primaire d'un(e) élève *premier* 6 le programme *l'écoles*
3 les élèves de terminale   7 le bac
4 l'expression orale d'un(e) élève   8 le correcteur *celui qui corrige l'examen*
   manière de parler

(D) Complete the following sentences using a word related to the one in brackets:

1 Tous les _____ attendaient le signal du départ. (concours) *concurrents - contestants*
2 Il se *ravisa*, en s'apercevant qu'il fallait faire la queue, et rentra chez lui. (avis) *raviser*
3 Elle a posé sa _____ au poste de secrétaire. (candidat) *poser sa candidature = to apply for a job*
4 Si vous tenez à ce que je *précise* je dresserai une liste des défauts tout de suite. (précis) *préciser* *insist*
5 Il y a des élèves qui *éprouvent* cruellement la patience du professeur. (épreuve)
6 Il raconta _____ ce qui s'était passé l'avant-veille. (bref) *brièvement*
7 Il a été nommé _____ chez Peugeot. (dessiner) *dessinateur*
8 Vous connaissez 'La Cigale et La *fourmi* de La Fontaine? (fourmillant) *carefree*
9 On n'était qu'à quelques semaines du bac et il avait tout le temps cet air *insouciant* (souci) *worried → soucieux*
free →
10 Sa *paresse* d'esprit inquiétait tous ceux qui l'enseignaient. (paresseux)
11 C'était une jeune fille d'une _____ insupportable. (suffisant) *une suffisance* *unbearable*
12 Il ne pourrait pas trouver à redire à un jugement si _____ . (équité) *équitable .*

(E) Paraphrase the sentences that follow, using the outline provided:

1 Grâce à ce livret scolaire, les jurés d'examens se font une idée du candidat.
   Ce livre scolaire *va* permettre *aux jurés de se faire une* une idée du candidat.
2 Ces quelques pages sont souvent insuffisantes pour convaincre un jury.
   Ces quelques pages *ne* suffisent *pas* toujours *pour convaincre un jury.*
3 Pour aider les juges dans leur démarche, ce livre vient d'être revu et approfondi. *bettered*
   On vient *de revoir et d'approfondir* ce livre, ce qui *aide* démarche. *revoir*
4 Ces élèves inaugureront un livret nouvelle manière fourmillant d'informations.
   Ces élèves *seront* les premiers *à* disposer de *un nouveau livret : qui fourmille* informations.

   to have at your disposal.

permettre à quelqu'un de faire quelque chose .

5 Le point de vue global est étayé par une liste de capacités requises dans chaque
discipline.
Pour renforcer _____ dresser _____ nécessaires _____ discipline.

6 En français, le professeur doit juger l'expression écrite et l'expression orale de l'élève.
En français, le professeur juge comment l'élève parle.

(F) Using once only the 20 words listed below, fill the blanks in the passage that
follows, which completes the reading comprehension passage.

au	notes	après	scolaire
secondaire	contrôle	aide	influence
requis	or	autre	lors
élèves	toute	de	moindre
repêchage	suite	aucun	fait

De _____ façon, le livret scolaire conserve sa fonction initiale : venir en _____ aux
candidats. Un bon élève qui n'a pas réussi à décrocher les 10/20 de moyenne (_____ pour
la réussite au bac) pourra voir ses _____ d'examen relevées. S'inspirant de son livret
scolaire qui témoignera _____ la qualité de ses résultats _____ fil de l'année _____, les
examinateurs pourront prendre cette décision, passer donc sur le trac d'un jour et donner
le bac. Sur mauvais livret scolaire, pas de _____ possible. Mais en _____ cas, de bonnes et
suffisantes notes obtenues _____ de l'examen ne pourront être abaissées _____
consultation d'un médiocre livret.

Jaune pour les terminales technologiques (mais vert pour les technologiques
industrielles), orange pour les _____ des filières classiques (A, B, C et D), le livret _____
discrètement entrer la notion de _____ continu dans les mœurs de l'enseignement _____,
René Monory, (le ministre de l'Éducation nationale) a dû retirer sa réforme du
baccalauréat à la _____ des mouvements estudiantins et lycéens de décembre 1986. _____
dans la formule 'bac' du ministre, les notes obtenues par l'élève au fil de l'année devaient
avoir une _____ sur le résultat final au baccalauréat. Dans une _____ mesure, le nouveau
livret scolaire permettra donc à l'élève de faire valoir _____ chose que les performances
d'un jour.

B.S., *Le Figaro*

──── SECTION 3 ────

Before undertaking the first three exercises in this section, check in a reference grammar
the various forms of negation.

(A) Use negatives to fill the blanks in these proverbs:

1 Il _____ y a _____ de fumée sans feu.
2 Qui _____ risque _____ _____ a _____ .
3 A l'impossible _____ _____ est tenu.
4 A cœur vaillant _____ d'impossible.
5 Mieux vaut tard que _____ .
6 _____ _____ est prophète en son pays.
7 Tout ce qui brille _____ est _____ or.
8 _____ de nouvelles, bonnes nouvelles.
9 Le temps perdu _____ se rattrape _____ .
10 Il _____ est pire sourd que celui qui _____ veut _____ entendre.

(B)   With a view to expressing the contrary idea, rewrite the following sentences, making the parts underlined negative:

e.g.   'Il avait vu quelqu'un au coin de la rue.'

becomes

   'Il n'avait vu personne au coin de la rue.'

1 J'ai l'impression qu'il reviendra un jour.
2 Il sort presque toujours le soir.
3 Et mes parents et ma sœur approuvent mon choix.
4 Il y avait toujours quelqu'un de service à cette heure-là.
5 Il en a trouvé un peu partout.
6 Il nous restait encore de l'argent.
7 Il a toujours trouvé quelque chose d'intéressant au marché aux puces.
8 – J'ai envie d'y aller maintenant.
  – Moi aussi.
9 Chacune des élèves a choisi ce sujet.
10 En fouillant les bagages le douanier a trouvé quelque chose.
11 Est-ce qu'il leur en a offert? (ne . . . pas . . .)
12 Il est complètement responsable de la débâcle.
13 Il leur a conseillé d'en parler à tout le monde.
14 Son père lui a dit brusquement de recommencer. (ne . . . pas . . .)
15 J'y vois un inconvénient.
16 Heureusement on est venu à notre rencontre. (Malheureusement . . .)

(C)   Use suitable negative forms to complete the following sentences. Each blank represents a missing word.

1 Sans _____ dire à _____ , il sortit de la maison.
2 Ce fut sa dernière visite. Il avait décidé, _____ sans regret, de _____ _____ _____ mettre les pieds chez eux.
3 Il faut relire le résumé pour s'assurer qu'on _____ a _____ oublié _____ _____ ajouté.
4 Elle _____ éprouvait _____ envie d'aller au concert. _____ sa sœur _____ _____ .
5 On _____ se sert _____ de l'ancien livret scolaire, puisqu'il _____ fournit _____ assez d'informations aux jurés.
6 – Pourquoi _____ aller au Salon de l'automobile?
  – _____ de la vie! J'ai des révisions à faire.
7 _____ des candidats _____ a réussi à résoudre ce problème.
8 Il espérait _____ _____ avoir à redoubler. Tout dépendait du bulletin trimestriel.

(D)   The opposites 'agréable, désagréable', 'content, mécontent', 'confortable, peu confortable' you will know already. List the opposites of the twelve adjectives that follow and use, once only, ten of them to complete the sentences below:

adroit	connaissable	mangeable	alcoolisé
chanceux	continu	normal	profond
bienfaisant	exact	réel	régulier

1 Ce candidat s'exprime de façon si _____ qu'il ne va sûrement pas atteindre la moyenne en composition.
2 Les verbes _____ français posent peu de problèmes!
3 La viande était _____ , et le client dit rondement ce qu'il en pensait au restaurateur.

4   Il ne s'était pas trompé : le bruit _____ , qu'il venait d'entendre, se produisait dans le moteur.

5   Heureusement l'eau, à l'endroit où ils voulaient essayer de passer la rivière à gué, était _____ .

6   Mon mari et moi buvons souvent du vin, mais pour les enfants je préfère des boissons _____ .

7   La brume s'étant dissipée, la vallée prit, au clair de la pleine lune, un aspect presque _____ .

8   Elle avait tellement maigri pendant sa maladie qu'il la trouvait _____ .

9   Pour avoir une bonne note, le candidat doit, dans cette discipline, éviter tout renseignement _____ .

10   C'est un joueur _____ qui gagne tous les trente-six du mois.

(E)   Before undertaking this exercise, you should consult a reference grammar and check how nouns, adjectives and verbs are linked with dependent infinitives. As a rule, it is a question of using either 'à' or 'de'. There are, however, some common verbs (e.g. 'devoir, oser, pouvoir, préférer, vouloir') that require no preposition.

Rewrite the following sentences, inserting 'à' or 'de', wherever you think they are necessary:

e.g.   Elle était si contente revoir son fils, qu'elle ne put s'empêcher verser quelques larmes.

becomes

Elle était si contente de revoir son fils, qu'elle ne put s'empêcher de verser quelques larmes.

1   Dès qu'ils disposeront de leur attestation de succès, les bacheliers ayant envie poursuivre leurs études, ne devraient pas hésiter s'inscrire en faculté.

2   Il ne s'attendait pas être reçu en français; il avait eu du mal comprendre le texte résumer.

3   Il leur proposa venir le voir le lendemain quand il aurait eu l'occasion étudier à fond leur offre.

4   Il se mit relire le livret, en se demandant pourquoi un élève si doué avait été obligé redoubler en cinquième.

5   Il lui restait encore du travail faire; quand même, cela lui ferait du bien sortir un peu.

6   Le docteur, qui venait arriver, passa une bonne demi-heure essayer ranimer le malade.

7   Peu disposée lier conversation avec les nouveaux venus, ella décida faire un tour dans le jardin. Elle n'aurait pas dû consentir descendre à cet hôtel.

8   Ayant enfin réussi obtenir le numéro de téléphone de Chantal, il ne tarda pas l'inviter sortir avec lui.

9   Bien qu'il fasse semblant ne pas écouter, il arrive toujours répondre mieux que les autres.

10   Il prétendait savoir réparer le téléviseur; je regrette dire qu'il n'est plus possible regarder les programmes.

(F)   Rewrite the sentences below, filling the blanks with either 'à, de, par, pour' or, if you consider that no preposition is necessary, removing the blank:

1   En ce qui concerne le brevet, on s'attend _____ ce que le taux _____ réussite, soit _____ l'ordre _____ 75%.

2   _____ avoir désobéi _____ sa mère, son père a empêché Roger _____ sortir et l'a privé _____ argent de poche.

3 Accompagné _____ son frère, il se rendit _____ le train _____ banlieue au stade, où il espérait _____ retrouver ses camarades.

4 Elle a commencé _____ ouvrir et trier le courrier, ensuite elle est allée _____ préparer le café du patron.

5 Le gouvernement vise _____ créer _____ nouveaux emplois _____ la mi-octobre.

6 On était _____ quinze jours du bac et il n'avait pas encore commencé _____ relire les auteurs du programme.

7 Si vous tenez _____ voir le docteur, vous n'avez que _____ lui téléphoner. Je suis persuadé qu'il vaudrait mieux _____ attendre un peu, quand même.

8 J'espère que vous êtes tous prêts _____ partir. C'est très gentil _____ Guy _____ avoir offert _____ nous emmener _____ la gare.

9 Il ne lui restait pas assez _____ argent _____ acheter le nouveau disque.

10 Il y a des industries subventionnées _____ l'État qui parviennent _____ s'imposer sur les marchés mondiaux.

SECTION 4

After a careful re-reading of the French passages in Section 2, translate the following into French:

(A)   Those who are responsible for assessing the ability of the 'baccalauréat' candidates have for some time been studying the problem of the candidate's school record. In their opinion, until now this important document has not provided all the information they need in order to get a clear idea of the candidate they are dealing with, especially if the marks he has obtained are barely adequate. There are perhaps circumstances which, unbeknown to them, can explain a poor showing on the day of the examination. A carefully revised, more detailed record might well persuade them to award a pass in such a case.

(B)   To some extent the new school record ought to satisfy the curiosity of the board of examiners and, at the same time, help them to make up their minds if problems arise.

This record introduces the idea of continuous assessment, since the candidate's marks per subject obtained over the year have an important part to play. In each subject, moreover, the teacher has to assess certain abilities. In French, for example, the teacher judges the way the candidate expresses himself both in writing and orally and the extent of his cultural knowledge.

However, the main function of this record is to assist the candidates; the examiners are seeking to treat them as fairly as possible.

UNIT 10

Translate the following passage into English:

Fire at the plastics factory

C'est dans le petit hall qu'il s'aperçut que les fenêtres étaient rouges . . . Justin ouvrit la
porte sur le jardin: sous un ciel rouge et mouvant, les cloches, la sirène, résonnaient,
énormes! Le feu! La sirène hurlait, se mourait, reprenait son cri sur un fond de bris de
vaisselle que chaque coup de cloche ramenait avec force . . . Le feu! De l'autre côté du
5   mur, sur la route, on courait, on criait, des voitures, des scooters roulaient . . . Justin
courut au portillon, sortit sur la route . . .
   – Le feu, à l'usine! . . . cria quelqu'un sans s'arrêter, répondant à sa question.
   Le temps de sauter dans la voiture, et Justin roulait dans la même direction que tout le
monde.
10   L'usine de matières plastiques, celle où travaillaient les habitants du village, flambait.
Entourée d'une sombre couronne d'épines humaines, maintenues par des gendarmes,
c'était un brasier, un cratère crachant des flammes, un feu d'artifice sinistre. Le feu coulait
son sang lourd dans les poutres, on aurait pu étudier la structure de l'édifice, sa carcasse
d'après ce schéma de feu . . . Au-dessus s'agitaient les drapeaux rouges des flammes en
15   lambeaux, déchiquetées . . . De petites silhouettes noires s'agitaient au fond de la
catastrophe . . . Tout le reste du monde était plongé dans l'obscurité, il n'y avait ni ciel, ni
champs. Soudain, le milieu de l'édifice s'effondra, les poutres dégringolaient dans des
myriades d'étincelles, éclairant ici et là des visages immobiles, sombres comme la nuit . . .
Les gendarmes appuyèrent sur la foule . . . Des klaxons véhéments annonçaient l'arrivée
20   d'autres pompiers. Déjà, sans regarder personne, à travers la foule qui s'écartait sans un
mot, ils traînaient le tuyau se déroulant derrière eux . . .
   Justin Merlin quitta les lieux avant la fin du spectacle . . . Il rejoignit sa DS qu'il avait
laissée assez loin, dans un terrain vague. Au fur et à mesure qu'il s'éloignait, la nuit
s'éclaircissait: l'incendie plongeait la nature dans l'obscurité comme une rampe qui
25   éclaire les acteurs et plonge pour eux la salle dans le noir. Enfin les étoiles et la lune
avaient repris leur place dans le ciel, malgré les reflets roses de la catastrophe. Justin
remonta dans sa DS, embraya . . .

Elsa Triolet, *Luna-Park*
Gallimard (Collection Folio)

(A)   Read the following passage and then answer, in English, the questions below:

2CV : le crépuscule d'une légende

L'usine Citroën de Levallois ferme. La 2CV, lancée en 1938, ne sera plus fabriquée qu'au
Portugal.
   'La 2CV est irremplaçable, elle ne sera donc pas remplacée.' Pour lapidaire qu'elle soit,
la formule de Georges Falconnet, directeur commercial de Citroën, a le mérite d'être
5   claire. Et, à l'adresse de tous ceux qui, empressés d'enterrer l'ancêtre, lui prédisent
régulièrement, depuis dix ans, une fin prochaine, Falconnet ajoute: 'Je connaîtrai la

retraite bien avant elle.' Ainsi, la fermeture de l'usine de Levallois n'est-elle qu'une péripétie supplémentaire dans l'histoire mouvementée de la 'deuche', comme l'appellent affectueusement ses nombreux inconditionnels. Simplement, la 2CV sera produite ailleurs et notamment au Portugal, dans l'usine de Mangualde, qui assemble déjà le quart   10 de la production actuelle. Elle sera ensuite exportée vers les pays dont la réglementation fermera pudiquement les yeux sur ses quelques rides. Des rides qui ne lui interdiront pas de courir vers son quarantième anniversaire qu'elle fêtera avec faste en 1989 . . . . .

On est très loin du cahier des charges de la 2CV que Pierre Boulanger, patron du Quai de Javel, résumait ainsi en 1935 : 'Une voiture pouvant transporter deux cultivateurs en   15 sabots, 50 kg de pommes de terre ou un tonnelet à une vitesse de 60 kilomètres/heure pour une consommation de 3 litres au cent. Son prix,' ajoutait-il, 'devra être inférieur au tiers de celui de la traction avant 11CV. Le point de vue esthétique n'a aucune importance.'

Dès lors, la TPV – très petite voiture – est née, faisant basculer, dans l'esprit de ses pères,   20 l'automobile de signe extérieur de richesse en objet de consommation populaire. Mais les Français n'en savaient encore rien, les prototypes de 2CV circulant dans le plus grand secret et non sans rencontrer quelques difficultés techniques . . .

Présentée au Salon de l'auto de 1948 la 2CV suscitera, selon les cas, étonnement, stupeur, railleries ou enthousiasme. Mais, toujours, on s'amuse à la faire danser sur ses   25 suspensions élastiques et on s'interroge sur ce que cache son capot plombé. Si elle divise la France, la 2CV fait déjà l'unanimité de la concurrence contre elle . . .

Mieux que la voiture pour tous, la 2CV fut avant tout la voiture des moins favorisés, ce qui a aidé à cimenter son succès.

En effet, une 2CV devait se mériter, Citroën considérant l'acheteur potentiel non en tant   30 que tel mais comme un candidat. Celui-ci devait répondre à un questionnaire détaillé et faire valoir ses prétentions à la propriété d'une 2CV. Un inspecteur jugeait ensuite de la réalité du besoin, considérant l'activité professionnelle du candidat et la modestie de ses moyens. Reçu à cet impitoyable examen, l'heureux élu n'avait plus qu'à attendre quelques années – et le bon vouloir de la firme – la livraison de sa 2CV.   35

Pourtant ils sont quatre millions depuis 1949 à avoir adoré cette déesse mécanique dont Boris Vian disait qu'elle était une aberration roulante. Son faible coût d'utilisation et de réparation, ses qualités routières et son confort remarquable, sa polyvalence d'usage ont été largement plébiscités. Voulue comme la première voiture d'une couche socio-professionnelle peu favorisée, la 2CV se mua, dans les années soixante, en son contraire.   40

Les besoins des Français ont changé et la réglementation anti-pollution lui a été fatale en Suisse, Autriche, Suède et bientôt Danemark. Pourtant, sous le nom de 'die Ente' (le vilain petit canard), les écologistes allemands, qui transforment volontiers la version tôlée en camping-car, l'ont érigée en symbole de leur mouvement. Ceux-là devront, s'ils ne veulent pas trahir leurs idées, se préparer à des adieux déchirants. Dernier clin d'œil de la   45 2CV qui, trop coûteuse à faire évoluer techniquement, continuera dans les pays qui l'accepteront une carrière à petite vitesse. Là, elle retrouvera cette clientèle d'origine qui ne jure que par elle : celle des campagnes . . .

Jacques Chevalier, *Le Figaro*

1   What statements does Monsieur Falconnet make concerning the car's future?
2   Why has the Portuguese factory been chosen to continue production? And where is it hoped to sell the car?
3   For what type of customer was the car originally conceived? Where was it likely to be driven? Which of its qualities were most likely to appeal to the buyer?
4   In what way was the firm of Citroën breaking new ground?
5   Explain in detail how, in the early days, one came to be the owner of a 2CV.
6   List the features of the 2CV which, over the years, commended it to four million owners.

7 What reasons are given, in the last paragraph, for the decision to cease production i France?

8 What is so appropriate about the plans for the car's future?

(B) List the words in the reading comprehension passage that fit the following definitions:

1 couverture métallique protégeant un moteur
2 événement imprévu
3 dans un autre lieu
4 modèle premier
5 formulaire où des questions sont inscrites
6 acte de remettre une marchandise à l'acheteur
7 celui qui étudie les rapports réciproques de l'être vivant avec le milieu où il vit
8 relatif au sentiment du beau

(C) For each of the words listed here, supply a *related* noun, verb or adjective, as specified:

pudiquement (noun)	livraison (verb)
élu (verb)	Suède (adjective)
interdire (noun)	prétentions (verb)
stupeur (verb)	trahir (noun)
circuler (noun)	exporter (noun)
suspensions (verb)	enthousiasme (adjective)

(D) Complete the passage below by inserting, once only, the words that follow:

importe	panneaux	reste	vitesse
réseau	emprunté	danger	constante
ne	conducteurs	tous	que
conséquent	méprisant	le	rouler
excès	aux	rôle	pour

La route et son savoir-vivre

Les points noirs existent c'est vrai, mais une bonne présignalisation par des _____ suffisamment grands, et plus éloignés qu'ils _____ le sont actuellement, en diminuerait singulièrement le _____ . Il _____ surtout de ne pas affoler encore plus les conducteurs par des campagnes alarmistes : ils _____ sont déjà assez par la crainte panique du gendarme _____ imprévisibles réactions et qui oublie systématiquement son _____ préventif pour ne retenir _____ l'aspect répressif de sa profession.

On tente aussi de justifier par l'état de notre _____ routier l'instauration de limitations de _____ généralisées. La stupidité de fixer un plafond commun à des véhicules et à des _____ aux réactions différentes est assez évidente _____ qu'on n'y revienne pas. De plus, une grande majorité de nos axes routiers autorise une vitesse élevée. Du _____ , nous n'avons rencontré que très peu de conducteurs qui péchaient par _____ de vitesse. En revanche, bon nombre commettent des fautes génératrices d'accident, ignorant, ou _____ , l'ABC de la conduite automobile.

La monotonie engendrée par un parcours trop souvent _____ ou par une vitesse _____ est source d'inattention et donc cause d'accident. Par _____ , la prudence ne consiste pas à _____ en troupeau à 60 à l'heure, comme le suggère la télévision française _____ les

[handwritten: in present tense after the verb / in perfect tense between auxillery verbs and perfect]

vendredis, ou comme on voudrait nous le voir faire par une limitation de vitesse, mais à s'adapter aux circonstances.

Bernard Heu, *Valeurs*

(E) Complete the following sentences in such a way as to retain the general meaning of the reading comprehension passage. Incorporate in each sentence the items of vocabulary (that appear in random order).

1 La direction de Citroën . . . . . .
   (la 2CV – récemment – décision – remplacer)
2 A partir du premier semestre 1988 . . . . . .
   (portugais – responsable de – uniquement – production – la 2CV)
3 En 1935 on avait pour but de . . . . . .
   (voiture – à la portée de – capable de – en consommant)
4 Il a fallu une douzaine d'années . . . . . .
   (mettre au point – technique – difficultés – à cause de – surmonter)
5 Au début, celui qui . . . . . .
   (propriétaire – répondre à – avoir envie de – comme si – examen – subir)
6 Celui qui . . . . . . (élu – avoir la chance – quelques années – attendre) . . . . . . avant d'en prendre livraison.
7 C'est une voiture qui . . . . . .
   (usages – servir à – et dont – relativement peu – l'entretien)

SECTION 3

Before undertaking the first two exercises check the use of relative pronouns, including 'où, d'où, ce qui' etc. The close link between 'qu'est-ce qui, qu'est-ce que' and 'ce qui, ce que' will be immediately apparent. Remember the contractions 'auquel, auxquel(le)s, duquel, desquel(le)s'.

(A) Complete the following sentences, inserting whichever of the words below you consider appropriate:
   qui, que (qu'), dont, lequel (etc.),
   où, d'où, ce qui, ce que, ce dont.

1 On appelle un 'Anglais' celui *qui* conduit toujours sur la file de gauche.
2 Un conducteur sur trois n'accroche pas sa ceinture, *ce qui* inquiète les autorités. ('Un petit clic vaut mieux qu'un grand choc!')
3 Tout *ce que* vous dites est vrai.
4 Il parcourut du regard les quatre clients, *dont* deux Arabes, *qui* se trouvaient dans le bar.
5 *Ce qu'* on admire chez ce marchand, c'est la façon *dont* il étale sa marchandise.
6 Il tient un langage *que* le professeur n'approuve pas.
7 L'instant d'après, l'immeuble *dont* ils venaient de sortir s'effondra.
8 Il s'est produit un accident à la suite *duquel* on a dû hospitaliser les deux conducteurs.
9 Cette vitesse excessive, *dont* les motards se plaignent, provoque de nombreux accidents.

[handwritten notes in margins: dont (replaces) "de" eg 'sortir de no 7; servir de + noun / servir à + everything else]

dont = denotes possession

10 Il n'oubliera jamais le jour ___où___ il a réussi son permis de conduire. (de)

In which 11 Au cas ___où___ je ne pourrais pas retenir les chambres ___dont___ nous avons envie, je devrais chercher ailleurs.

12 Elle avait égaré les ciseaux à l'aide ___lesquelles___ elle voulait découper l'article.

13 Elle lui promit d'envoyer tout ___ce dont___ il aurait besoin. (de)

14 Cette conversation, ___dont___ il se rappelle mot à mot, n'a duré que trois minutes.

15 Ses moyens ne lui permettaient pas de leur payer les vacances ___auxquelles___ ils aspiraient.

(B) Combine these pairs of sentences, using suitable relative pronouns:

e.g. 'On a longuement discuté le contrôle technique des véhicules. Ce contrôle s'impose maintenant.'

becomes

'On a longuement discuté le contrôle technique des véhicules, qui s'impose maintenant.'

1 Je flânais le long du boulevard.
   Le boulevard était désert à cette heure-là. *que*

2 Il leur rendit la tondeuse.
   Ils lui avaient demandé la tondeuse à plusieurs reprises. *qu'il*

3 On lui offrit à l'improviste le poste.
   auquel Il aspirait à ce poste depuis longtemps.

4 Elle a cité en exemple un docteur parisien.
   dont Je ne me souviens plus de ce docteur.

5 Les cheminots se sont remis en grève.
   ce qui Cette nouvelle ne me surprend pas.

6 Malheureusement il avait oublié ses lunettes.
   lesquelles Sans ses lunettes il trouva difficile de déchiffrer l'adresse.

avec qui 7 Les trois membres du club se turent. *shut up*
   Le pauvre Matthieu jouait avec eux.
   (Il avait coupé l'as de son partenaire!)

8 Le ministre n'approuve pas l'attitude des conducteurs.
   dont Il vise à modifier la formation des conducteurs.

9 Les deux fidèles chantaient faux.
   Madame Lefèvre se tenait entre eux. *lesquels*

10 On m'a dit que Marie-France a été reçue en chimie.
   ce que Je trouve difficile de croire cela.

(C) Explain, by means of relative clauses, the meaning of the following words, using the outline provided:

e.g. 'Un élève modéle? (travail, conduite, exemplaire)'
   could be
   'C'est un élève *dont* le *travail* et la *conduite* sont *exemplaires*.'

1 Un enfant gâté? (ses parents, traiter, indulgence)
2 Un tire-bouchon? (instrument, au moyen de, on, bouteille) *duquel*
3 Le parachute? (appareil, on, se servir de, ralentir) *qui / de naviguer*
4 Le sous-marin? (bâtiment de guerre, capable, en plongée et en surface)
5 Le clignotant? (lumière intermittente, grâce à, conducteur, direction) *c'est une / laquelle le indique ou*
6 Le passe-partout? (clef, servir à, serrure)
7 L'hôpital? (établissement, traiter, malade, blessé)
8 Le permis de conduire? (autorisation officielle, permettre, véhicule) *de conduire un.*
   qui

moche = ugly

FAIRE — expressions etc.

The uses and meanings of 'faire' are numerous. It may be reflexive, often with the meaning 'to become' (e.g. 'il se *fait* vieux'); it may be 'causative' (e.g. 'il *fait* bouillir l'eau', compared with 'l'eau bout'); it expresses the idea of *having* something done (e.g. 'il a fait réparer le téléviseur'); it is used with a number of nouns to form common expressions (e.g. 'faire attention'); it is also used with a number of infinitives to express what, in English would be a single idea (e.g. 'faire voir' – to show). Note carefully examples of these and other uses of 'faire' that you come across.

(D) Complete these sentences with 'faire' in an appropriate tense or form:

1 *fais* attention, ma petite!
2 Je me demande ce qu'ils *feront* quand ils verront les dégâts.
3 Elle s'est *faite* couper les cheveux.
4 Je ne sais que *faire*. A ma place, qu'est-ce que tu *ferais*, toi?
5 Ce jour-là Yves leur dit poliment bonjour, mais, pour toute réponse, ils ne _____ que *[ont fait]* sourire.
6 Il faut que nous *fassions* la traversée ce matin.
7 *Faites* ce que vous voudrez!
8 S'il *faisait* beau, nous pourrions sortir un peu.
9 Sa secrétaire les *a fait / fit* asseoir et se remit à taper la lettre.

(E) Rewrite the following sentences, replacing the verb underlined by 'faire' + noun and making any other changes necessary:

e.g. 'elle s'est <u>blessée</u> en faisant des glissades.'
        becomes
          'elle s'est fait mal en faisant des glissades.'
(*Note*: reflexive pronoun indirect, <u>no</u> 'e' on 'fait').

1 La silhouette sinistre de l'inconnu <u>effraya</u> les enfants. *to scare s/one - faire peur / a fait peur aux enfants*
2 Il <u>montre</u> une patience remarquable. *Il a fait montre d'un*
3 Votre lettre m'<u>a plu</u> beaucoup. *m'a beaucoup fait plaisir*
4 Il <u>feint</u> l'ennui. *fait semblant de s'ennuir*
5 Il veut qu'on <u>s'en remette</u> à lui. *qu'on lui fasse confiance*
6 Pour son anniversaire son père lui <u>offrit</u> un cyclomoteur. *Il lui a fait cadeau un cyc*
(*Note*: The nouns you require for the above sentences are, in random order, 'plaisir, semblant, peur, cadeau, preuve, confiance'.)

(F) 'Lever, mener, porter' and their compounds feature regularly in spoken and written French. Most of those listed below may, depending on meaning and context, be used reflexively.

Select 12 appropriate verbs from the following list to complete the sentences below, ensuring that each verb has its correct form:

(se)lever   (s') élever   (se) soulever   (se) relever   enlever
mener   (r)amener   emmener   (se) promener   (se) surmener
(se) porter   (se)(r) apporter   (r) emporter   supporter   (se) comporter

1 Elle trouvait difficile de _____ le froid qui sévissait cet hiver-là.
2 La plupart des jeunes gens se sont bien *comportés* à la disco. *— war. severe / harsh.*
3 A cause de l'inflation le commerçant a dû _____ ses prix. *élever*
4 Il a _____ sa veste, tant il faisait chaud. *enlever*
5 Le docteur lui conseilla de prendre un mois de repos parce qu'il *était surmené*

porter = things (books)(bring)   emporter = (things) to take away
mener = people (bring)   emmener = to take (people)

remporter la victoire = to win
parcourir du regard

6 Hurricane.
L'ouragan _____ la toiture de plusieurs maisons particulières et abattit de nombreux arbres. *soulever.*

7 Est-ce que Bordeaux _____ le championnat l'année prochaine? *remporter.*

8 A l'horizon _____ le clocher du village qu'il lui tardait de revoir. *s'élever*

9 Malheureusement la réponse du candidat ne _____ pas à la question. On lui donne zéro. *se rapporter = to relate to - imp.*

promener 10 Il _____ son regard sur l'assistance avant de prendre la parole. Anne n'était pas venue.

11 Le docteur croyait qu'il _____ mieux le lendemain. *se porter (être) cond.*

12 En _____ le couvercle, il vit, au fond de la poubelle, le journal qu'il cherchait. *soulever.*

(G) Rewrite the following sentences, replacing the verb underlined with 'faire' and a suitable infinitive. Make any other changes necessary.

1 J'ai essayé de lui <u>montrer</u> les dangers d'une telle mission. *faire voir*
2 Je vous serais reconnaissant de bien vouloir <u>m'envoyer</u> votre brochure. *faire parvenir*
3 Il m'a demandé de la <u>prévenir</u> de la date de mon arrivée. *faire savoir*
4 Dans sa serre il <u>cultive</u> des tomates et des melons. *faire pousser*
5 L'état de sa mère empirait et il <u>envoya chercher</u> le médecin. *faire venir*
6 Le petit bourg, par où il passait, lui <u>rappelait</u> son village natal. *faire penser à*
7 Les gestes de l'animateur ont beaucoup <u>amusé</u> les spectateurs. *faire rire à*
8 En se reculant pour mieux voir elle a <u>renversé</u> une chaise.

se rapporter = relates to

SECTION 4

The first of these passages is clearly linked with the reading comprehension passage in Section 2, the second passage, more loosely, with Section 2 (d), and sentences in Section 3. Some of the recently practised grammar features in both.

(A) One cannot help being impressed by a car, conceived more than 50 years ago, that people are still anxious to buy. Initially there were, of course, technical problems to overcome and the prototypes were built in the greatest secrecy.

In the 50s Citroën used to have a questionnaire filled in by (à) all who wanted to buy the 2 CV. They were regarded by the firm as applicants rather than purchasers and the reasons for which they required it had to be good ones.

A car whose running costs are low and which you can have repaired cheaply (à peu de frais) is certain to attract a lot of potential customers.

(B) Like most countries in Western Europe, France is deeply concerned about the number of accidents occurring on its road system; the rate is much higher than it ought to be.

The measures that have been taken so far to ensure road safety have not proved very effective. For example, it appears that the introduction of a speed limit on motorways has in no way reduced the danger for drivers or passengers.

The number of hours one spends at the wheel exert a much greater influence than the number of kilometres travelled: tiredness and monotony cause just as many accidents as excessive speed. Furthermore, drivers should fasten their seat belts more often and drink less.

UNIT 11

──────── SECTION 1 ────────

Translate the following passage into English:

Avalanches offer a constant threat

Brusquement, le bruit d'un grondement lointain nous parvient à travers l'air glacé des hauteurs. Nous le connaissons bien: une avalanche, déclenchée par la rupture d'un sérac. Il est 8 h 30. Dans l'Annapurna, les avalanches peuvent survenir à tout moment du jour ou de la nuit. En effet, le gel sévit en permanence avec une telle rigueur qu'une variation de température ne joue aucun rôle. Mais en revanche, il suffit d'un coup de vent. Le 5
phénomène prend en cette région du globe un caractère grandiose et terrifiant sans commune mesure avec ce que l'on peut observer en Europe. Nous aurions pu être engloutis d'un seul coup. Mais par chance, le flot se divise en deux trajets pour une raison inconnue, et nous nous trouvons exactement entre ses deux branches. Juste avant le déferlement, nous avons quelques secondes pour poser nos sacs, nous abriter derrière 10
eux et relever nos pullovers sur le visage afin de ne pas respirer la poussière glacée, extrêmement dangereuse pour les poumons. Nous résistons au souffle énorme que nous sentons peser contre nos sacs avec une force gigantesque. Un nuage de neige nous enveloppe complètement pendant plusieurs minutes. Un déluge de blocs de glace, dont certains pèsent des dizaines de kilos, dégringole de toutes parts. Puis le rugissement se tait. 15
Nous nous levons, abasourdis. Les camarades s'interpellent. Personne n'a été emporté ou tué sur place. Mais nos deux sherpas restent immobiles, à moitié engloutis dans la neige. Ils ont été sérieusement blessés par des blocs de glace. Pendant un long moment, nous nous demandons s'il ne faudra pas renoncer à l'expédition. Puis le courage revient.

> Maurice Herzog, *Tragédie à l'Annapurna*
> *Paris Match*

Vocabulary
déclencher   to trigger (off)
le sérac   serac (huge blocks of ice projecting between crevasses)
engloutir   to swallow up, engulf
dégringoler   to come tumbling (tearing, crashing) down
abasourdi   stunned

──────── SECTION 2 ────────

(A)   Read the following passage then answer, in English, the questions that follow:

Le triomphe du colonel Nicholson

Le colonel Nicholson se recueillit un instant dans un silence chargé de curiosité attentive, puis continua de sa voix énergique.
 'Voici ce que je propose, colonel Saïto. Nous utiliserons tout de suite la plupart des soldats anglais pour le pont. Un petit nombre seulement restera disponible pour la voie, et je vous demande de nous prêter vos soldats nippons pour renforcer ce groupe, de façon 5
que cette première tranche soit terminée le plus tôt possible. Je pense que vos hommes

pourraient également construire le nouveau camp. Ils sont plus habiles que les miens à travailler le bambou.'

En cette seconde, Clipton plongea dans une de ses crises périodiques
10 d'attendrissement. Avant cela, il avait ressenti, à plusieurs reprises, l'envie d'étrangler son chef. Maintenant, son regard ne pouvait se détacher des yeux bleus qui, après avoir fixé le colonel japonais, prenaient ingénument à témoin tous les membres de l'assemblée, les uns après les autres, comme pour rechercher une approbation quant au caractère équitable de cette requête. Son esprit fut effleuré par le soupçon qu'un subtil
15 machiavélisme pouvait se développer derrière cette façade d'apparence si limpide. Il scruta anxieusement, passionnément, désespérément, chaque trait de cette physionomie sereine, avec la volonté insensée d'y découvrir l'indice d'une perfide pensée secrète. Au bout d'un moment, il baissa la tête, découragé.

'Ce n'est pas possible, décida-t-il. Chaque mot qu'il prononce est sincère. Il a
20 véritablement cherché les meilleurs moyens d'accélérer les travaux.'

Il se redressa pour observer la contenance de Saïto, et fut un peu réconforté. La face du Japonais était celle d'un supplicié parvenu à l'extrême limite de sa résistance. La honte et la fureur le martyrisaient; mais il s'était laissé engluer dans cette suite d'implacables raisonnements. Il y avait peu de chances pour qu'il pût réagir. Une fois encore, il céda,
25 après avoir balancé entre la révolte et la soumission. Il espérait follement reprendre un peu de son autorité à mesure que les travaux avanceraient. Il ne se rendait pas encore compte de l'état d'abjection auquel menaçait de le réduire la sagesse occidentale. Clipton jugea qu'il serait incapable de remonter la pente des renoncements.

Il capitula à sa manière. On l'entendit soudain donner des ordres d'une voix féroce à ses
30 capitaines, en japonais. Le colonel ayant parlé assez vite pour n'être compris que de lui seul, il présentait la suggestion comme sa propre idée et la transformait en commandement autoritaire. Quand il eut fini, le colonel Nicholson souleva un dernier point, un détail, mais assez délicat pour qu'il lui eût donné toute son attention.

'Il nous reste à fixer la tâche de vos hommes, pour le remblai de la voie, colonel Saïto.
35 J'avais d'abord songé à un mètre cube, pour leur éviter une trop grosse fatigue, mais peut-être jugerez-vous convenable qu'elle soit égale à celle des soldats anglais? Cela créerait d'ailleurs une émulation favorable . . .'

'La tâche des soldats nippons sera de deux mètres cubes, éclata Saïto. J'ai déjà donné des ordres!'
40 Le colonel Nicholson s'inclina.

'Dans ces conditions je pense que le travail avancera vite . . . Je ne vois plus rien à ajouter, colonel Saïto. Il me reste à vous remercier pour votre compréhension. Gentlemen, si personne n'a de remarque à formuler, je crois que nous pouvons clore cette réunion. Nous commencerons demain sur les bases établies.'
45 Il se leva, salua et se retira dignement, satisfait d'avoir conduit les débats comme il l'entendait, d'avoir fait triompher la sagesse et accompli un grand pas dans la réalisation du pont. Il s'était montré technicien habile, et était conscient d'avoir disposé ses forces de la meilleure façon possible.

Pierre Boulle, *Le pont de la rivière Kwaï*,
Le Livre de Poche (Julliard)

1   What did Nicholson do before speaking again?
2   Which men are to prepare the track for the railway?
3   Who is to build the new camp, and why?
4   What was Nicholson's purpose in gazing silently round the assembly?
5   What did Clipton hope to see when studying so carefully the Colonel's features?
6   Why was he subsequently depressed?
7   Describe Saïto's reactions to the proposals.
8   What was there about these proposals that left Saïto with virtually no choice?
9   How had Nicholson helped Saïto to save face?

10 How did Saïto, with his own officers, save face?
11 What was the exact nature of the task his men were required to perform?
12 What are the reasons for Colonel Nicholson's satisfaction, as disclosed in the last paragraph?

(B) Make a list of the words in the passage that correspond to the following definitions:

1 se concentrer sur ses pensées
2 quelqu'un que l'on a torturé
3 qui se reproduit à des intervalles réguliers
4 se dit d'une chose qui manifeste de la finesse
5 avec naïveté

6 suite d'arguments
7 opinion désavantageuse formée sur une personne, mais sans certitude
8 sentiment qui pousse à égaler ou à surpasser qqn
9 travail à faire dans un temps déterminé et dans certaines conditions
10 ne plus résister

(C) Complete the following, using a word related to the one in brackets at the end of each sentence:

1 Recevez, Monsieur, mes _____ distinguées. (saluer) *salutations*
2 Ce que vous venez d'écrire est une _____ de politesse. (formuler) *formule*
3 J'espère que votre fils travaillera _____ cette année. (meilleur) *mieux*
4 Il faut qu'elle se _____ au régime prescrit. (soumission) *soumette*
5 Il prêta une oreille _____ à ce qu'ils disaient. (attention) *attentive*
6 Les idées qu'il _____ ne sont pas acceptables. (suggestion) *suggère*
7 Je ne crois pas que le directeur _____ une telle conduite. (approbation)
8 Ce sont les _____ muettes qui rendent la dictée difficile. (terminer) *terminaisons*
9 A l'entrée du _____ il y avait une alimentation. (camp) *camping*
10 _____ et pensive, elle quitta la salle de classe. (silence) *silencieuse*

(D) Inserting appropriately twelve only of the fifteen infinitives listed, complete the following statements about the reading comprehension passage.

quitter 1	6 éveiller *awaken*	11 épargner *spare*
cacher 2	7 trahir *betray*	12 captiver *captivate*
remporter *win*	8 avancer *to go forward*	perdre *lose*
fournir	9 imposer *impose*	13 réaliser *realise / carry out*
fermer *close*	10 garder *keep*	14 démolir *demolish*

1 Le colonel Nicholson avait réussi à __6__ la curiosité et à __12__ l'attention de toute l'assistance.
2 Clipton ne pouvait pas __1__ du regard les yeux de son chef, dont l'expression allait peut-être __7__ une arrière-pensée perfide.
3 Saïto eut beau essayer de __14__ cette suite d'implacables raisonnements et s'aperçut qu'il risquait de __13__ contenance.
4 Pour __11__ à Saïto un cruel embarras, Nicholson avait parlé assez vite.
5 Pour __9__ son autorité Saïto s'attribua les suggestions que Nicholson venait de __8__ .
6 Nicholson pensait moins à __3__ une victoire sur les Japonais qu'à __13__ le plus tôt possible la construction du pont.
7 Pendant toute la réunion Nicholson était parvenu à __10__ son sang-froid.

(E) 'Compte, chercher' and 'entendre' have more than one meaning and are used with other words in various common expressions.

Rewrite the following sentences, replacing the words underlined by some phrase or expression which includes the word in brackets and conveys more or less the same meaning.

e.g. 'Un coup de tonnerre lointain leur vint aux oreilles, et ils pressèrent le pas. (entendre)'

becomes

'Un coup de tonnerre se fit entendre, et ils pressèrent le pas.'

1 Tout bien considéré, je vais refuser cette offre. (compte) *[ms: Tout compte tenu]*
2 En découvrant la fuite, elle fit venir le plombier. (chercher) *[ms: alla chercher / en cherchá]*
3 Il fait mauvais ménage avec ses voisins. (entendre) *[ms: s'entendent mal / ne s'entent pas bien]*
4 Elles s'aperçurent qu'il n'allait pas changer d'avis. (compte) *[ms: s'est rendu compte]*
5 Il a essayé de le dissuader. (chercher) *[ms: a cherché à]*
6 On m'a dit qu'ils vont émigrer. (entendre) *[ms: J'ai entendu dire]*
7 En le condamnant à un mois de prison, le juge avait pris en considération son âge. (compte) *[ms: avait tenu compte de]*
8 Il est fort en latin. (entendre) *[ms: s'entend / s'y entende à = good at]*
9 On attribua l'accident au piéton. (compte) *[ms: sur le compte du piéton / Tout compte fait / mettre sur le compte de]*
10 Il ne veut pas qu'on fasse mention de cet épisode. (entendre) *[ms: entendre parler]*

(F) Fit the following 20 words appropriately into the blank spaces of the passage below (which, in 'Le pont de la rivière Kwaï', immediately precedes the reading comprehension passage).

temps	suite	rendre	supérieur
terminer	occidentale	prisonniers	pied
plus	mes	le	fois
part	il	perdues	que
fait	de	à	dont

'Pourquoi _____ nouveaux baraquements?' protesta Saïto. 'Les _____ peuvent bien marcher un ou deux milles pour se _____ sur le chantier.'

'J'ai _____ étudier les deux solutions par _____ collaborateurs,' répliqua patiemment _____ colonel Nicholson. 'Il résulte de cette étude . . .'

Les calculs de Reeves et de Hughes montraient clairement que le total des heures _____ durant cette marche était bien _____ au temps nécessaire _____ l'établissment d'un nouveau camp. Une _____ encore, Saïto perdit _____ devant les spéculations de la sage prévoyance _____ . Le colonel poursuivit:

'D'autre _____ , nous avons déjà perdu _____ d'un mois, par _____ d'un fâcheux malentendu _____ nous ne sommes pas responsables. Pour _____ le pont à la date fixée, ce _____ je promets si vous acceptez ma nouvelle suggestion, _____ est nécessaire de faire immédiatement abattre les arbres en même _____ que d'autres équipes travailleront à la voie, et d'autres encore aux baraquements.'

SECTION 3

Before undertaking the next two exercises you may need to study in a reference grammar the different functions of the present and past participles.

(A)   Paraphrase (and express more succinctly) the following sentences, replacing the parts underlined with a present participle construction usually preceded by 'en' or 'tout en', according to the meaning.

1   Pendant qu'il attendait la rame suivante, il se mit à penser au nouvel emploi.
2   Quand il aperçut la jeune fille blessée, il freina.
3   Près de la porte Maillot l'inspecteur vit des soldats qui rentraient en permission chez eux.
4   Puisqu'il n'avait rien à lire, il alluma le téléviseur.
5   Il dégustait son café, mais, en même temps, il écoutait attentivement leur conversation.
6   S'il acceptait cette proposition du colonel anglais, il faciliterait la tâche.
7   Bien que j'admire le maintien de l'accusé, je dois me rendre à l'évidence.
8   Les deux policiers sortaient du café; ils s'essuyaient les moustaches.
9   Il se coupa le menton comme il se rasait.
10 Parce qu'il voyait mon embarras, il parla d'autre chose.

(B)   Use the following verbs, according to meaning, to complete the sentences below. Each infinitive, however, should be replaced by either its past participle (used adjectivally) or its present participle (*perhaps* used adjectivally).

s'agenouiller	venir	étaler
étendre	fermer	étudier
intéresser	crier	écrire
s'asseoir	reconnaître	renfermer
pencher	oser	occuper

1   Le maire accueillit cordialement les chanteurs _____ de tous les coins de l'Europe pour participer au concours.
2   Parmi les vieux livres _____ devant la boutique il en trouva de très _____ .
3   En _____ le visage du Japonais, il ne discerna aucune trace d'émotion.
4   On l'a trouvée _____ de tout son long sur la terrasse.
5   Une fois les lettres _____ , il endossa son imperméable et quitta le bureau.
6   _____ à tue-tête il s'abattit sur son adversaire.
7   Les élèves _____ au dernier rang jouaient à la belote.
8   Nous vous sommes très _____ de tout ce que vous avez fait.
9   C'était une jeune fille _____ qui ne répondait guère aux questions du professeur.
10 Une fois la porte _____ à clef, il poussa un soupir de soulagement.
11 Il les découvrit _____ sous la table, _____ à ramasser des morceaux de verre.
12 Elles restaient _____ sur leurs cahiers, ne _____ pas lever la tête.

(C)   For each of the following sentences write a fresh sentence, including the word(s) in brackets and retaining, as far as possible, the meaning of the original sentence.

e.g.   'La circulation était si intense qu'il dut faire un détour. (cause)'
becomes
         'A cause de la circulation intense il dut faire un détour.'

1   Le ministre ne pouvant être présent, il présida la séance. (absence)
2   Il régla ses comptes peu de temps après. (tarder)
3   Elle avait fait une toilette plus soignée que d'habitude, parce qu'elle voulait créer une impression favorable. (intention)
4   Tout habitant vous indiquerait un hôtel convenable. (n'importe)

5   Heureusement il ne s'est pas trompé de route. (bon)
6   Peut-être ne s'est-il pas aperçu du danger. (possible)
7   D'abord il a vérifié la pression des pneus. (commencer)
8   Il s'en faut de beaucoup qu'elle soit enthousiaste. (loin)
9   Il s'en fallut de peu qu'il ne tombât. (faillir)
10 Sans que ses parents le sachent, il a démissionné. (insu)
11 Au cas où il reparaîtrait, il faudrait alerter les policiers. (venir)
12 J'ai parfois l'impression que son intérêt s'attiédit. (sembler)

(D)   Complete the following sentences by using appropriate prepositional phrases taken from the twelve listed below. Using the phrases once only, you require ten of them.

au sujet de	à l'intention de	au profit de
à portée de	au cours de	à partir de
à l'insu de	au milieu de	en face de
au moyen de	à l'abri de	à cause de

1   Étant sujet aux rhumatismes, il gardait toujours une canne _____ la main.
2   Ils ne tardèrent pas à se mettre _____ la pluie.
3   _____ le premier avril il faudra obtenir son billet au préalable.
4   C'est un des livres qu'il a écrits _____ les enfants.
5   _____ ses parents, elle est sortie. C'est vers minuit qu'on s'est aperçu de son absence.
6   Le speaker n'a rien dit _____ l'accident dont nous avions été témoins.
7   _____ le voyage il fit la connaissance de deux étudiants allemands.
8   _____ les inondations on dut remettre le match au 15 mars.
9   A l'entr'acte on fit la quête _____ les sinistrés.
10 Ils montèrent sur le toit _____ une échelle.

SECTION 4

Translate the following passage into French:

Everybody knew that Colonel Saïto was subject to outbursts of temper and several times during the meeting he had had real difficulty in controlling himself. What vexed Saïto was that, in spite of himself, he trusted these English officers, whose experience and technical skill greatly exceeded those of the Japanese engineer.

Not for a moment taking his eyes off the English colonel, Saïto, who was the only Japanese to speak English fluently listened attentively to all the explanations provided by Nicholson. Of course, the latter was seeking the best way to achieve his purpose.

As for the new camp, Nicholson, who had had the problem studied thoroughly, no longer needed to seek Saïto's approval. They were agreed on this point. They would save time by living near the building site. He hoped that the Japanese soldiers, who worked with bamboo better than his own men, would undertake the building of the huts. Once this obstacle was overcome, they could start work in earnest. More than a month had elapsed since their arrival.

Vocabulary
accès (m) de colère
maîtriser

contrarier
dépasser largement
à fond
gagner du temps
le chantier
franchir un obstacle
sérieusement
s'écouler

UNIT 12

─────────────────────── **SECTION 1** ───────────────────────

Translate the following passage into English:

A new job in prospect

Huit heures quarante-quatre : François... C'est alors que l'inconcevable advint. François arrêta son regard sur le vieil homme, parut le voir pour la première fois et, comme s'il l'associait à une idée confuse, il ralentit son allure. Julien eut l'impression étrange que François, en passant devant lui, le jugeait d'un œil impersonnel, mais minutieusement.
5 Puis, après quelques mètres, le jeune homme revint sur ses pas...
   Pour échapper aux remous de la foule, il se réfugia dans l'angle de l'immeuble tout près de Julien.
   'Voilà, dit-il. J'ai besoin d'un Père Noël et j'ai pensé que, peut-être, si vous aviez du temps...'
10 Julien entendit comme dans un rêve la proposition saugrenue. Il se trouvait dans le cas du naufragé qui a longtemps jeûné : le premier repas qu'il aperçoit après son sauvetage l'émerveille et l'inquiète. Après des années de solitude, Julien hésitait au seuil de la chaleur humaine. Il se prit à craindre ce jeune homme qui lui parlait.
   '... vous verrez, le travail est très simple et quant aux conditions...'
15 Julien mesura la fragilité des liens qu'il avait longuement et tendrement noués. Aussi longtemps que François n'avait été qu'une silhouette lointaine, Julien avait pu se l'approprier et créer entre eux une intimité imaginaire. Mais voici que le précaire équilibre était rompu et qu'en cessant d'être un mythe familier, François devenait un étranger.
   'Naturellement, je ne vous demande pas une réponse immédiate...'
20 Julien s'efforça de considérer l'offre objectivement et d'y répondre en termes positifs mais la brutalité de l'événement le sidérait. Qu'un être humain eût recours à lui relevait du prodige mais que ce quelqu'un fût François dépassait la mesure. Il ne parvenait pas à incorporer cet épisode inimaginable à la trame de sa vie quotidienne.

Paul Guimard, *Rue du Havre*,
Le Livre de Poche (Denoël)

─────────────────────── **SECTION 2** ───────────────────────

(A) Read the following passage then answer, in English, the questions below:

beavers
Un jésuite veut sauver les castors français

Dans le hall du marché couvert de Jouy-en-Josas, une exposition consacrée à la vallée de la Bièvre. L'homme a enjambé l'enclos grillagé où, au milieu de plantes vertes, s'ébrouent quelques canards.
   Sous ses habits civils, nul ne pourrait deviner ce qu'il est réellement : un jésuite. Il se
5 penche vers une sorte de hutte faite de rondins de bois. Et, de sa main, il caresse longuement une boule de poils brunâtres : un castor, 'son' castor.
   – Comment vas-tu, mon vieux Cyrille?
   Entre l'homme et la bête, c'est en 1952 que tout a commencé.
   – Je faisais mes études à l'époque à Lyon. J'étais à la recherche d'un sujet de thèse qui
10 me permettrait de m'évader un peu de la communauté. C'est alors que j'ai pensé aux castors.
   Les castors, on en trouve encore un peu partout le long du Rhône. Leur nombre est

82

pursued

difficile à évaluer car l'animal, pourchassé sans pitié, est devenu très craintif. Et il se cache dans des terriers, le long de la rive, dont il ne sort qu'à la tombée de la nuit.

   – Il y en a entre 1 000 et 5 000, dit le père Richard. Moi, ce qui m'intéresse, c'est le   15
comportement animal avec la perspective lointaine de mieux comprendre le comportement de l'homme. Or le castor, avec sa lenteur dans le travail, son application, la suite qu'il a dans les idées, sa faculté de rester penché plusieurs heures sur le même ouvrage et de toujours finir ce qu'il a commencé, donne l'impression de réfléchir. Ce qui est très rare dans le monde animal . . .   20

constrained

   L'idée que l'on se fait des animaux vivant en liberté relève du domaine de la légende. Une bête dans la nature n'est jamais libre. Elle est astreinte, au contraire, à tout un tas d'impératifs qu'elle doit respecter sous peine de mort. Elle possède son aire et ne peut s'en écarter sans être à la merci des prédateurs. Sur son territoire, au contraire, dont elle connaît chaque centimètre de terrain, elle sait toujours où elle peut instantanément se   25
cacher. En outre, si elle a l'imprudence de s'aventurer sur le territoire du voisin, elle sera immanquablement tuée par lui.

   C'est pourquoi chaque castor délimite soigneusement son territoire à l'aide de tas de boue qu'il arrose d'une sécrétion très odorante, fabriquée par des glandes spéciales situées près de l'anus et qui s'appellent castoréum. Car le castor, autre erreur, ne vit pas en   30
colonie, mais en famille isolée d'où les petits sont chassés impitoyablement dès qu'ils ont atteint deux ans, l'âge de la puberté.

   – Ce qui a contribué à accréditer cette légende, dit le père Richard, ce sont ces fameux barrages édifiés par les castors dans les forêts américaines ou la région des grands lacs en Scandinavie. On en rencontre parfois qui peuvent atteindre jusqu'à 10 kilomètres de long   35
sur 4 mètres de hauteur. Or, ces travaux gigantesques d'hydraulique, destinés à régulariser le niveau de l'eau (afin que l'entrée du terrier soit toujours située à la même hauteur, quelle que soit l'importance des précipitations atmosphériques), sont toujours l'œuvre d'une seule famille, voire d'un seul individu.

   Sous l'impulsion du besoin, un castor peut abattre jusqu'à 50 arbres en une seule nuit.   40
Ses dents aiguisées comme des rasoirs, sont d'un émail si dur qu'aucun outil en acier ne pourrait rivaliser avec elles. *enamel.*

   Jadis, le castor a pullulé en France. On l'appelait alors bièvre ou beuvron en langue d'oïl et vibré en langue d'oc. De nombreuses localités ou rivières lui doivent leur nom : Beuvrages, Beuvery, Beuvraignes, dans le Nord, Beuvron ou Beuvrigny en Normandie,   45
Beuvron en Sologne, ou encore la rivière Bièvre au sud de Paris.

   En 1965, la décision est prise. Sous l'impulsion de l'ingénieur en chef des Eaux et Forêts Rabouille, on implante huit castors dans la forêt de Saint-Dizier, près des réservoirs du Der. Réussite totale. On compte aujourd'hui quatre familles regroupant une vingtaine d'individus . . .   50

anticipates success

   Dans trois ou quatre ans, on escompte que six parcs régionaux seront ainsi voués partiellement à la réacclimatation du castor, en France. Cela ne va pas sans causer des soucis aux amis du castor. L'animal, grâce à sa fourrure, présente une valeur marchande certaine qui attire les braconniers. *poachers.*

Paris Match

Notes

Jouy-en-Josas   small town on the Bièvre, near Versailles.

la langue d'oïl   language formerly spoken in northern France. 'Oïl' is the old form of 'oui'.

la langue d'oc   language formerly spoken south of the Loire. 'Oc' means 'yes' in old Provençal.

1   Describe in detail the setting in which Father Richard greets Cyrille.
2   Why wasn't Father Richard immediately recognisable as a Jesuit?
3   What had led him to make a study of beavers?
4   How does the Rhone beaver spend the hours of daylight, and why?

5 To what end is Father Richard's research a means?
6 What qualities are demonstrated by the beaver at work?
7 'Une bête dans la nature n'est jamais libre.' How does Father Richard explain this remark?
8 What use does a beaver make of its castoreum?
9 What popular misconception does Father Richard seek to correct?
10 Explain why beavers build dams.
11 What is said about their teeth?
12 By whom are beavers still threatened, and why?

(B)   Explain in French the meaning of the following words and phrases:

un marché couvert	un réservoir
une bête dans la nature	un prédateur
le comportement de l'homme	un braconnier *poacher*
un terrier *a burrow*	une exposition

(C)   List the verbs usually associated with the following nouns and adjectives taken from the passage:

barrages *dam*	craintif *craindre*	liberté *libérer*
soucis *worry/care*	suite *suivre*	lointain *s'éloigner*
habit *clothing*	fête *fêter*	niveau *niveler*
lire lecture	exposition *exposer*	lenteur ~~ralentir~~ *ralentir*

Complete the following sentences, making suitable use of the verbs you have listed. Two of the verbs must be used reflexively.

1 N'ayant plus rien à leur dire, il se leva et _____ à grands pas.
2 Les prisonniers qu'ils ont *libérés* sont fous de joie.
3 Pour transformer ce pré en terrain de football, il faudra le *niveler*
4 Toute la famille se rendit au restaurant et *fêté* son succès.
5 Si seulement il avait *suivi* les conseils du professeur.
6 Le musée a accepté d'*exposer* ses toiles.
7 D'habitude il *ralenti* en approchant d'un carrefour.
8 Une jeune femme *habillé* d'un tailleur bleu marine entra.
9 En *lisant* le bulletin trimestriel de son fils, son visage se rembrunit.
10 Je *crains* qu'il n'y ait eu un accident.
11 C'était un homme égoïste qui *s'en souciait* fort peu d'autrui. *the others*
12 Une coulée de boue leur *a barré* la route; ils durent s'arrêter. *mud slide*

(D)   Answer in French the following questions on the passage:

1 Qu'est-ce qu'on trouverait en enjambant l'enclos grillagé?
2 Pourquoi est-il impossible de deviner la profession du jésuite?
3 Quelle sorte de sujet de thèse cherchait-il?
4 Pourquoi le castor ne sort-il qu'à la tombée de la nuit?
5 Quel risque courrait-il en s'écartant de son aire?
6 Comment les castors se sont-ils fait une réputation?
7 Quelle est la deuxième erreur que le père Richard cherche à corriger?
8 Pourquoi le castor cherche-t-il à régulariser le niveau de l'eau?
9 De quoi se sert-il pour abattre les arbres?
10 Qu'est-ce qui indique qu'il y avait autrefois beaucoup de castors en France?
11 Comment se fait-il que les braconniers s'y intéressent?

(E)   List the adverbs occurring in the passage that have virtually the same meaning as the following adverbs and adverbial phrases:

avec soin *soigneusement*   sans pitié *impitoyablement*
sûrement .   . . . et même . . .
autrefois *Jadis*   de temps en temps
en un instant *instantanément*   en partie
en réalité *réellement*   de cette façon

(F)   Complete the exercise below by filling the blanks suitably with the following words:

as / instead of .

1 sur ✓	5 vue ✓	9 guise *as*	13 trophées ✓	17 dominé ✓
2 système ✓	6 seule ✓	10 manquer ✓	14 efficace *effective*	18 mâle ✓
3 griffes *claws*	7 être ✓	11 souris ✓	15 au ✓	19 soit ✓
14 diurne *nocturnal*	8 entretient ✓	12 nourrisse	16 dont ✓	20 guette *watch out (for)* ✓

Les Secrets du Monde des Chats

Le chat n'est pas seulement un __7__ mystérieux, inquiétant et envoûtant. Il est une fantastique machine perfectionnée. Il possède du monde une vision __4__ et nocturne. Il est doté d'un __2__ de guidage et repérage aussi précis et __14__ qu'un radar. Il bénéficie, grâce à des glandes surrénales particulièrement développées, d'une agressivité enviable. Toujours __1__ le qui-vive malgré des poses alanguies, qu'il __19__ de race ou bâtard, __18__ ou femelle, bête à concours ou rastaquouère de gouttière, il mène sa vie à sa __9__, n'écoutant qu'une __6__ loi : celle de son bon plaisir. Un animal __16__ on ne peut parler qu'avec respect.

Contrairement au chien qui __8__ avec son maître des relations de ' __17__ à dominant', le chat traite d'égal à égal avec son propriétaire . . . Contrairement à la légende, le rat et la __11__ ne sont pas les ennemis héréditaires du chat. Il les __20__ , les traque, les supprime davantage pour montrer de quoi il est capable que par hostilité.

'La preuve, explique le Dr Pommery, il est très rare qu'un chat se __12__ d'un rat ou d'une souris. Il les aligne comme des __13__ pour faire le matamore.' Si le félin est un remarquable chasseur d'oiseau, il est bien plus encore un incomparable pêcheur. 'Sa __5__ aiguë et son sens de la distance, la soudaineté de ses gestes et ses __3__ qui servent d'hameçons lui permettent __15__ passage du poisson d'agir avec une promptitude fulgurante. On a rarement vu un chat __10__ *hold .* sa prise.'

Jean Noli, Paris Match

SECTION 3

(A)   In modern French both the imperfect and pluperfect subjunctives feature mainly in literary style. Usually they are replaced by the present and perfect subjunctives respectively. However, an awareness of the formation and uses of these two tenses is useful, as you will come across them in your reading.

Rewrite the following sentences, replacing the infinitive in brackets by a suitable form of the imperfect subjunctive:

1   Le colonel exigea qu'on (emmener) les prisonniers.   *emmenât*
2   Bien qu'il (pleuvoir) à verse, il s'obstinait à sortir.   *plût*

3   Si elle s'était mise d'accord, il * (avoir) agi autrement. *eût (imp subj)*

4   Elle s'attendait à ce que son père lui (rendre) visite. *rendît*

5   On m'en (avoir) offert un million de francs que je n'*(avoir) pas accepté de le vendre. *eût* *eusse*

6   On n'hésiterait pas à l'envoyer, pourvu qu'il (être) conscient de l'importance de son rôle. *fût*

7   L'infirmière éteignit la radio, sans que le malade s'en (apercevoir). *aperçût*

8   Il les invita à l'accompagner, à moins qu'ils ne (être) trop fatigués. *fussent*

9   Il n'y avait personne qui (savoir) traduire la phrase. *sût*

10   Il ne voulait pas que la Grande-Bretagne (faire) partie du Marché commun. *fît*

* literary alternative to the conditional perfect

(B)   In Unit 8 you met examples of subordinate clauses in which the use of the subjunctive is obligatory. Further examples of obligatory use occur in this exercise.

Rewrite the following sentences, making suitable use in each sentence of one of the constructions listed below. Use the present subjunctive.

sans que	de peur (crainte) que . . . ne . . . 7.
s'attendre à ce que	tenir à ce que 8
s'étonner que	douter que
aimer mieux (préférer) que	il est peu probable que ✓2.
il est (grand) temps que	il est rare que

e.g.   'On dit que les chats sont de bons pêcheurs, mais je ne le crois pas. (ne pas croire que)'
becomes
     'Je ne crois pas que les chats soient de bons pêcheurs.'

1   Tu as besoin de te faire couper les cheveux; il est grand temps! *fasse*

2   Ils pourraient être de retour avant six heures, mais c'est peu probable. *puissent*

3   Il devrait écrire ses devoirs à l'encre, je le préfère. *écrive*

4   Il y a des castors près d'ici, et je ne m'y attendais pas. *ait*

5   Je devrais y aller ce soir; je sais qu'elle y tient beaucoup. *aille*

6   A mon étonnement, j'apprends que vous ne pouvez pas nous accompagner. *puissiez*

7   Le castor ne quitte son terrier qu'à la tombée de la nuit; il a peur d'être pris par un braconnier.

8   Il pourrait le réussir du premier coup, mais, à mon avis, c'est douteux.

9   Il faut nous esquiver, mais il ne doit pas s'en apercevoir.

10   On pourrait voir un chat manquer sa prise, mais cela n'arrive que rarement.

(C)   Consider carefully these two examples:

1   'Je vous le donnerai avant que vous ne partiez.'

2   'Je vous le donnerai avant de partir.'

In the second example there is no question of using 'avant que' followed by 'je ne parte,' since both 'donner' and 'partir' share the same subject, 'je'.

The following prepositions and prepositional phrases are used in the same way as 'avant de':

à condition de	à moins de
de peur (crainte) de	sans
pour (afin de)	de façon (manière) à

à moins que _ _ _ _ ne   avant que _ ne
de peur que   ne

Using the outlines provided, complete the following sentences either with a clause or an infinitive phrase:

1 Il se mit à courir (de peur – être en retard).
2 Il devra comparaître devant le conseil de discipline (à moins – sa conduite – s'améliorer).
3 Vous recevrez cette pendulette (à condition – s'abonner à cette revue).
4 À mi-côte ils se reposent tous (pour – les enfants – ne pas se fatiguer trop).
5 Elle parle à voix basse (de peur – son frère – l'entendre).
6 On vous inscrira (à condition – vous – apporter une photocopie certifiée de vos notes).
7 Il enleva son chapeau (avant – entrer dans l'église).
8 Le castor risque d'être tué (à moins – rester constamment aux aguets).
9 Elle a promis de faire la vaisselle (avant – ses parents – amener les visiteurs).
10 On a choisi cette date (de façon – vous – pouvoir jouer).

(D) The following prepositions and prepositional phrases, some of which you have just used, regularly introduce an infinitive:

pour (afin de)   sans   avant de
de peur (crainte) de   à force de   au lieu de
plutôt que de   après (+ perfect infinitive)

Complete these sentences, inserting an appropriate prepositional phrase:

1 _____ travailler dur pendant de longues années, il parvint à s'acquitter de ses dettes.
2 _____ te prélasser dans ce fauteuil, tu ferais mieux de laver la voiture!
3 _____ rien dire à personne, il quitta le bureau.
4 Chaque soir, _____ rentrer, il prenait un apéritif au café de la Poste.
5 Après les (remercier) poliment, il les reconduisit jusqu'à l'entrée.
6 Ce soir-là, _____ se coucher à son heure habituelle, il s'attarda à voir le film.
7 Il traversa le palier sur la pointe des pieds _____ éveiller les voisins.
8 En arrivant au pont il s'arrêta _____ regarder la chaîne de péniches.
9 Après (se laver) les dents, elle se maquilla soigneusement.

(E) After checking the constructions needed, complete the following sentences. It is important to distinguish between these patterns:

1 aider quelqu'un à faire quelque chose
2 *persuader qqn de faire qqch
3 demander à qqn de faire qqch

* more usual than 'persuader à qqn de faire qqch'

e.g. 'Il fit signe – les enfants – attendre.'
becomes
      'Il fit signe aux enfants d'attendre.'

1 J'ai remercié (them) – nous avoir prévenus.
2 Elle a dit – les enfants – ranger leurs disques.
3 Les affaires empêchent (him) – assister à la réunion.
4 La nécessité oblige – les castors – construire un barrage.
5 Il ne permet jamais (them) – toucher à l'ordinateur.

6   Elle en veut (him) – ne pas avoir invité (her) – participer au concours.
7   Elle soupçonna la classe d'avoir caché la craie.
8   Il devrait encourager l'équipe s'entraîner plus souvent.
9   Les règlements municipaux n'autorisent pas les automobilistes stationner sur la place.
10 Le professeur reproche les élèves ne pas faire attention à leur orthographe.
11 Il déconseilla son fils choisir une telle profession.
12 Il supplia le docteur changer le traitement de sa femme.

(F)   Whilst retaining as closely as possible the meaning of the original sentence, write, for each of the following, a fresh sentence that includes the word(s) in brackets. They all contain expressions of time.

e.g.   'Je les ai vus tout à l'heure. (venir de)'
becomes
        'Je viens de les voir.'

1   Au moment où il est entré en scène, sa perruque est tombée. (lors de)
2   Aussitôt qu'ils retourneront chez eux, Jean nous téléphonera. (dès – *preposition*)
3   Voilà dix ans que je le connais. (depuis)
4   Quand le repas fut fini, ils passèrent dans le salon. (une fois)
5   Ils avaient vu le facteur quelques instants plus tôt. (venir de)
6   Pendant qu'il voyageait en Suisse, il est tombé malade. (cours)
7   Leur bonheur ne dura pas longtemps. (durée)
8   Comme le convoi passait, il crut entrevoir un visage de connaissance. (passage)
9   Il faudra attendre qu'on recommence les négociations. (reprise)
10 Il espère être en seconde, quand on rentrera. (rentrée)
11 Peu après qu'il fut parti, on découvrit le vol. (départ)
12 Il faudra épousseter les meubles, avant que les invités n'arrivent. (arrivée)

(G)   This exercise will give further practice in using 'à' and 'de'. Insert appropriately in the spaces one of the following:

à	au	à la	à l'	aux
de	du	de la	de l'	des

Chez le dentiste

Elle leur ouvrait, __à__ gauche, une porte __aux__ deux battants, en chêne ciré, et Maigret pensait plus que jamais __à__ un couvent ou, mieux encore, __à__ un riche presbytère. Jusque __à l'__ odeur, douce et mystérieuse, qui lui rappelait quelque chose; il ne savait pas quoi, il s'efforçait __de__ s'en souvenir. Le salon où on les introduisait ne recevait le jour que par les fentes __des__ persiennes, et, venant __du__ dehors, on y pénétrait comme dans un bain __de__ fraîcheur.

    Les bruits __de la__ ville ne semblaient pas pouvoir pénétrer jusqu'ici, et on avait l'impression que rien n'avait changé dans la maison depuis plus __d'__ un siècle, que ces fauteuils __à__ tapisserie, ces guéridons, ce piano et ces porcelaines avaient toujours été __à la__ même place. Jusque __aux__ photographies agrandies, sur les murs, dans __des__ cadres __de__ bois noir, qui avaient l'air __de__ photographies __du__ temps de Nadar. L'homme engoncé dans un col __d'un__ autre siècle, au-dessus __de la__ cheminée, portait __de__ larges favoris et, sur le mur __d'__ en face, une femme __d'__ une quarantaine

_d'_ années, _aux_ cheveux séparés par une raie _partir_, ressemblait _à l'_ impératrice
Eugénie.

La vieille dame, qui aurait presque pu figurer dans un _de_ ces cadres, ne les quittait
pas, leur désignait _des_ sièges, joignait les mains comme une bonne soeur. _à rien_

Georges Simenon, *Maigret et La Grande Perche* Presses de la Cité

SECTION 4

Translate the following passage into French:

In the olden days one could find beavers almost anywhere along the rivers of France.
They were, however, hunted remorselessly: not only did people[1] greatly value their fur
but they ate them as well. It is not difficult to understand why there are so few beavers
left. Fortunately steps have been taken in recent years[2] to establish them in pairs in the
regional parks.

The beaver is not small, since he measures more than one metre in length and, on
average, weighs some twenty-five kilos. Armed with razor sharp teeth, of which he
makes such an impressive use[3], he only takes a few minutes to fell a tree. What is
admirable is the way he sticks at each task he has set himself.

It is rare for a beaver to venture too far from the territory he has so carefully marked
out for fear of being attacked by his enemies. He has good reason to[4] be rather timid.

Notes
1 No inversion after 'non seulement'
2 Compare 'ces derniers temps' _recently_
3 Paraphrase 'uses in such an impressive manner'
4 'raisons' + 'pour'

Vocabulary
apprécier
non seulement . . . mais encore . . . + inversion
prendre des mesures pour . . .
implanter
par couples
s'acharner à + noun / infinitive
s'imposer une tâche

It only takes a minute

UNIT 13

SECTION 1

Translate the following passage into English:

French paratroopers in Indo-China

18 octobre 1952

Volant trois par trois, les quinze Dakota escaladent en vibrant les premiers contreforts de la haute région. Tassés dans les carlingues, les hommes somnolent, recrus de fatigue. Par les hublots, les paras découvrent des calcaires touffus, et des gorges profondes parfois
5 coupées d'une tranchée rougeâtre, une piste filant en trace directe, d'une crête à l'autre, des clairières grises, brûlées, au bord desquelles des paillotes au toit de latanier montent une garde vigilante, des ruisseaux, ourlés d'écume scintillante, tantôt calmes, le plus souvent bouillonnant en cascades.

– Il y a des Viets là-dedans? Le sergent Muriel sourit avec indulgence. Il sait que, sous
10 les frondaisons des grands arbres, se cachent des pistes indécelables à l'aviation, des villages perchés à flanc de montagne, des dépôts, des pièges. La brousse est comme la mer. Rien ne transparaît jamais de la lutte farouche qui se déroule au-dessous.

– Des Viets, bien sûr, mais ils sont aussi étrangers que nous en brousse. C'est un univers fermé, où tout se ligue contre l'intrus, du plus petit des insectes au plus féroce des
15 animaux.

De crête en sommet, frôlant les nuages bas qui coiffent cuvettes et vallées, les Dakota ont brusquement basculé vers une dépression parsemée de pitons herbus, au fond de laquelle coule une petite rivière tourmentée. Un avion se stabilise, prend son axe en ralentissant le régime des moteurs. La lumière s'allume, le klaxon se déchaîne. Du bras, le
20 largueur précipite les paras dans le vide . . .

Agitée par un vent léger venu de l'est, la plaine ressemble à un velours épais, vert aux reflets d'or. Les herbes à éléphant, hautes de près d'un mètre, cachent les pièges du terrain, les cailloux, les diguettes, les dépressions. Les paras touchent durement, roulent, se dégrafent. Ils sont arrivés.

Paris Match

Vocabulary
le latanier   latania (a kind of palm-tree)
la diguette   bund (causeway through paddy-fields)
le largueur   the dispatcher

SECTION 2

(A)   After reading this passage, answer in English the questions that follow:

Les Pieds-noirs   Algerians

Un jour de l'été 1962, un pont de bateau encombré de balluchons et de valises, la panique, l'angoisse. *Et, dans les yeux que des larmes embuent, la côte d'Algérie, qui, lentement, s'estompe. Cette terre natale qu'ils ne reverront plus. Les parents fixent encore ce qui ne sera, demain, qu'un souvenir paré de toutes les couleurs du rêve. *L'enfant, déjà,

boat bottom
only
blurred
splattered with
90

regarde l'autre rive. Là où il faudra vivre.   5

Ceux qui, presque pour tout bagage, ramènent avec eux des images pareilles, ou bien ils se laissent couler, ou bien ils refont courageusement leur vie *Rapatriés, il y a très exactement un quart de siècle, quand l'Algérie devint indépendante, 1 230 000 pieds-noirs auront réussi, avec des bonheurs très inégaux, à s'implanter dans une métropole qui ne se montra pas toujours bien accueillante. Qu'ils fassent aujourd'hui tout naturellement   10 partie de son paysage humain au point de donner à certaines cités froides de l'Hexagone un 'coup de soleil' bienvenu, c'est déjà leur revanche.

*L'instrument de leur malheur a un visage : de Gaulle. Même mort, ils ne peuvent l'oublier.

Cet homme n'aimait pas ces hommes, qui le lui rendront par une véritable haine.   15 Pourquoi? Largement pratiqué en Algérie, le culte de l'Armée française aura conduit les pieds-noirs à se montrer, dans les années 40, assez pétainistes d'abord et, ensuite, plus largement partisans du général Giraud, le rival du chef de la France libre. *L'héroïque conduite des troupes levées dès 1942 en Afrique du Nord renforcera paradoxalement l'incompréhension. Parce qu'ils composaient la majeure partie du contingent français   20 présent sur le front, les 'Africains', ainsi qu'ils se désignaient, se voyaient un peu comme les principaux artisans de la Libération.

Ils devaient retrouver de Gaulle en 1958. L'Algérie sera son tremplin pour la reconquête du pouvoir . . . *Son dessein n'est pas de réaliser l'intégration des départements algériens – c'est trop tard – mais bien de donner à la France une grande figure dans le monde, en   25 l'allégeant, précisément, du boulet de cette guerre qui dure depuis le 1er novembre 1954. Et c'est, avec les pieds-noirs, le divorce.

Il leur aurait fallu une vertu peu commune pour soutenir cette politique qui sonnait, en dépit de toutes les affirmations rassurantes, le glas de 'leur' Algérie. Ils s'y opposeront, attisant les 'états d'âme' de l'armée, qui, par le putsch d'avril 1961, tentera d'enrayer le   30 processus. D'où l'extrême irritation rancuneuse que conçoit de Gaulle à leur égard. En 1961, il affirme : 'La France considère avec le plus grand sang-froid que l'Algérie cesse d'appartenir à son domaine.' Il précise même : 'Les Français d'Algérie n'arrêteront pas le général de Gaulle. Je les ferai rapatrier!'

Le ton est sans tendresse. La manière sera sans égards. D'autant que les ultimes   35 sursauts de l'O.a.s. font de l'Algérie un brasier et commencent à installer la guérilla en métropole. Ils arrivent, les pieds-noirs, démunis, désemparés, défaits, au rythme de 10 000 par jour en juin et en juillet 1962, et c'est pour rencontrer une France frileuse, à la générosité mesurée, sans véritable compassion, méfiante devant ce flot de réfugiés venant ternir en quelque sorte – ou compromettre? – sa prospérité naissante. Cri du cœur,   40 vingt-cinq ans plus tard, d'une institutrice de Cherchell : 'Nous étions si malheureux, et personne ne nous comprenait.'

Paris n'avait pas prévu cet exode massif . . . L'afflux inattendu engorge ports et aéroports, lycées et casernes, transformés en dortoirs. On donne à chacun quelques centaines de francs en viatique, un billet de train pour éparpiller cette masse jusqu'au   45 nord de la France, dans des meublés improvisés aux loyers excessifs. *Leur drame personnel multiplié par un million, ils ont l'impression qu'il laisse la France indifférente. La preuve? On en trouve peu d'échos dans les journaux de l'époque . . .

On comprend alors leur besoin de revanche. Mais le ressentiment s'efface, et chacun explique comment 'il s'en est sorti'. A force de travail, d'astuce, d'efforts. Parce que,   50 reconnaît un haut fonctionnaire : 'Ils n'avaient plus rien à perdre.'

Ils s'en sont sortis en dynamisant l'économie française, qui leur doit, surtout dans le Midi et en Corse, la modernisation de l'arboriculture, de la pêche artisanale, une bonne part du boom immobilier . . .

André Pautard, L'Express

Vocabulary

pétainiste   follower of Marshal Pétain, French head of state during the occupation, Second World War

la métropole   France as the mother country
L'Hexagone (m)   metropolitan France (from the shape of the country on a map)
l'O.a.s.   l'Organisation de l'Armée secrète (anti-Gaullist army group)

1   Describe the scene on deck and account for the mood of the older travellers.
2   What choice awaited the travellers on their arrival in France?
3   Which phrase indicates that some fared better than others?
4   How were they generally received in France?
5   What made the 'pieds-noirs' confident that they would have General de Gaulle's gratitude and support?
6   What was General de Gaulle's purpose in ending the war in Algeria?
7   How did (a) the 'pieds-noirs' and (b) disaffected members of the French army express their opposition at the time?
8   What emergency measures did the French authorities have to take in the summer of 1962 in order to cope with the influx? Give full details.
9   What effect on the economy was it felt their presence could have?
10 How, 25 years later, are some of the 'pieds-noirs' helping the economy, and where in particular?

(B)   Provide your own definitions in French of the following phrases:

le pied-noir   une France frileuse chilly reception
habiter un meublé to live in   dans le Midi S. Fr.
                   a flat.
la terre natale birthland .   un putsch uprising
le boom immobilier   sonner le glas de sound the death knell
property boom .

(C)   Complete the following passage by inserting appropriately the words listed below:

1 de ✓	6 candidats ✓	11 fallu ✓	16 eux ✓
2 immigrée ✓	7 moins ✓	12 rappelle ✓	17 périphérie ✓
3 depuis ✓	8 en ✓	13 gloires ✓	18 politique ✓
4 coup ✓	9 mer ✓	14 mobiliser ✓	19 plus ✓
5 repousser ✓	10 matérielles ✓	15 tôt ✓	20 obtenir ✓
postpone/push back			

Arrivés __7__ en victime de l'Histoire qu'en vaincus d'une __18__ qu'ils avaient
combattue, ils risquaient __de__ s'enfermer dans l'amertume d'un ghetto. D'avoir su
__5__ cette facile tentation marque, encore, une autre revanche, qu'ils ne doivent qu'à
__eux__ -mêmes. Et à qui devraient-ils, encore, d' __18__ enfin réparation partielle de ce
qu'ils ont perdu. La loi sur l'indemnisation bientôt votée vient au terme d'efforts où ils
ont dû se __14__ pour peser dans les batailles politiques. Il leur aura __fallu__, dès 1977,
démontrer l'influence de leur électorat, __8 en__ choisissant d'appuyer des __6__ partisans
de l'indemnisation . . .
    Petites gens installés __3__ 1962 dans des cités d'urgence à la __17__ des villes, ils
côtoient quotidiennement une population __2__, algérienne surtout, dans une
cohabitation d'autant __plus__ difficile que cette présence leur __rappelle__ la perte de l'Algérie
française. A cela s'ajoutent des difficultés __10__ accumulées depuis vingt-cinq ans et que
l'indemnisation n'effacera pas d'un __coup__ . A ces descendants d'Espagnols, d'Italiens, de
Maltais devenus français outre- __mer__, deux ou trois générations plus __tôt__, il plaît
infiniment d'entendre célébrer les __gloires__ de feu l'Empire colonial.

                                      André Pautard, *L'Express*

repousser
push away 5

bitterness

property boom

the late

(D)   Complete the following sentences, using the outline provided. The parts of the reading comprehension passage to be re-phrased in this exercise are marked with an asterisk. Verbs should not retain their infinitive form.

1 Les parents – continuer – cette terre natale, – le bateau – la côte d'Algérie.
2 Quant à – ,ils – s'impatienter – côte du pays – vivre.
3 Les pieds-noirs – obligé – s'installer – pays dont l'accueil – pouvoir – amical.
4 Celui – les pieds-noirs – responsable de – le général de Gaulle.
5 Vu – en Afrique du Nord, – ne pas arriver à – attitude du géneral – égard.
6 Ce dernier – ne pas viser à – les départements algériens; lui – mettre fin à – bien coûteux de tous points.
7 En – de l'époque, on – ressentir – indifférence – lecteurs – situation – .

(E)   Rewrite these sentences, in each case inserting, to complete the sense, a word related to the one in brackets. Make any grammatical adjustments you consider necessary.

1   Sa réponse _____ a impressionné les examinateurs. (astuce)
2   On attribue à Madame Curie la _____ du radium. (découvrir)
3   Quelle est la _____ de cette tour? (haut)
4   Dès qu'ils débarquèrent, on _____ de calmer les frayeurs des rapatriés. (effort)
5   Dès le lendemain de son émission des volontaires ont _____ de toutes parts. (afflux)
6   La veuve n'avait d'autre _____ que sa fille. (soutenir)
7   C'était un homme qu'ils _____ tous. (haine)
8   Le parti _____ voudrait détenir le pouvoir. (travail)
9   Ils habitent un de ces _____ . (immobilier)
10 Ne connaissant personne à la nouvelle école, elle se sentait toute _____ . (pays)

───────────────── **SECTION 3** ─────────────────

Before undertaking the first three exercises in this section, consider those words, loosely connected, that usually come under the heading of 'indefinite pronouns, adjectives, and adverbs' in reference grammars.

(A)   Complete the following sentences by inserting suitably, in each sentence, one of the words listed below:

quelque   quelques   chaque   chacun(e)   quelques-un(e)s
quelqu'un   quelconque

1   Au bout de _____ semaines il eut la chance de trouver un emploi.
2   On s'attend à ce que _____ soldat fasse son devoir.
3   _____ 80 000 rapatriés se sont installés à l'étranger.
4   _____ d'entre eux ont choisi de vivre au Canada.
5   Avant de partir il fit une excuse _____ .
6   _____ des rapatriés a reçu _____ centaines de francs en viatique.
7   J'ai dû le laisser traîner _____ part.
8   Je cherche _____ qui pourrait me renseigner.
9   _____ doué qu'il soit, il a besoin de travailler.
10 Ce doit être _____ d'autre.
11 Quant aux tomates, elle en trouva _____ dans le frigo.

(B)   Rewrite the following sentences, replacing the words underlined with a phrase, very close in meaning, that features one of the four forms of 'tout'.

e.g.   'La classe entière éclata de rire.'
becomes
    'Toute la classe éclata de rire.'

1   Elle était complètement d'accord.
2   Il n'était nullement jaloux de son frère.
3   N'importe quel élève saurait la réponse à cette question.
4   Chaque fois qu'il part en vacances, il pleut.
5   On parlait de sa fille : elle était très attentive.
6   Néanmoins la plupart d'entre eux se sont débrouillés.
7   Il était là il y a un moment.
8   Soudain une bombe éclata devant sa voiture.
9   Il rentra aussitôt.
10   Bien qu'il cherche à les détourner du projet, il ne fait qu'éveiller leur curiosité.

(C)   Complete these sentences by inserting one of the following:

autre	d'autres	d'autre
autres	des autres	l'autre

1   Il y en a _____ qui espèrent retourner en Algérie un jour ou _____ .
2   On n'hésite pas à signaler les défauts * _____ .
3   Je n'ai rien _____ à déclarer.
4   'Parlons _____ chose,' dit-il.
5   Heureusement il n'y avait personne _____ dans la salle d'attente.
6   Nous dépendons tous les uns _____ .
7   Il lui restait _____ problèmes à resoudre.
8   Vous _____ Français devriez jouer au cricket.
9   Il relut le manuel d'un bout à _____ .
10   Qu'est-ce qu'il y a _____ à faire ici?

* could also be 'd'autrui'

(D)   The use in French of adverbs (of manner) ending in '-ment' is noticeably less widespread than the use in English of adverbs ending in '-ly'. You will have noticed, from your reading, that they tend to be replaced by a variety of (more explicit) adverbial phrases. In the essays that you write there are occasions when you may wish to incorporate such phrases.
    Rewrite the following sentences replacing the words underlined by a suitable adverb or adverbial phrase that includes the word or ending in brackets at the end of each sentence:

1   Maladroitement, il renversa la tasse à thé. (geste)
2   La rafale secoua avec violence le chalutier. (-ment)
3   Il ramassa nonchalamment le récepteur. (manière)
4   Sur le plan économique il ne faut pas oublier le rôle qu'ils ont joué. (vue)
5   Il se dirigea lentement vers la sortie. (pas)
6   Le récidiviste regarda avec méfiance le nouveau commissaire. (air)
7   Celui-là répondit sèchement à ses questions. (ton)
8   Il s'était emparé peu scrupuleusement des billets de banque. (sans)
9   En ce qui concerne la musique, il a des connaissances très étendues. (domaine)
10   Les enfants sont entrés avec grand bruit dans le vestiaire. (-ment)

(E) The followng adjectives, here used as adverbs and therefore *invariable*, are to be inserted into the sentences below:

bas	bon	cher	dur	faux
fort	haut	juste	lourd	net

1 Cette valise pèse bien _____ .
2 C'est un homme ambitieux qui vise _____ .
3 Le saumon fumé coûte très _____ .
4 En voyant l'inconnu elle s'arrêta _____ .
5 Les chasseurs durent voler _____ à cause du radar.
6 Malheureusement elle chante _____ .
7 Le vent soufflait très _____ .
8 Les œillets sentaient _____ .
9 Bon! Ce chèque est tombé _____ .
10 Il a dû travailler _____ pour atteindre le niveau voulu.

(F) After considering carefully the various possibilities (in meaning and construction) of 'douter, jouer, sentir' and 'servir', rewrite the following sentences. Each blank represents a missing word.

1 Ce gîte leur _____ autrefois _____ écurie.
2 Quand nous sommes entrés, ils _____ _____ échecs.
3 Je n'ai jamais _____ _____ sa compétence. Son travail est excellent.
4 C'est une scie qui _____ _____ émonder les branches mortes. Savez-vous comment _____ en _____ ?
5 'Je ne _____ _____ pas dans mon assiette, docteur,' dit-elle.
6 Qui l'aurait cru? Moi, je ne _____ _____ _____ rien.
7 Elle reste toujours assise au fond de la boutique et elle ne _____ jamais les clients.
8 C'est un des rôles qu'il a _____ à la Comédie-Française.
9 Je _____ qu'il soit de retour si tôt.
10 Voici l'échelle _____ elle s'est _____ pour escalader le mur.

─────────────── **SECTION 4** ───────────────

Translate into French the following passages which relate to Section 2 (a) and (c). To assist you, some of the required vocabulary is provided.

(A) During the second World War the 'pieds-noirs' had rendered France a great service by helping to drive the German troops out of North Africa. In their opinion, they had the right to view themselves as some of the main architects of the Liberation, which was to be accomplished two years later.

In 1958 they were feeling totally disillusioned and bitterly opposed the policy of General de Gaulle. The latter was determined, at all costs, to end a war which weighed so heavily on his country.

It is hardly surprising that[1] they should nurse this sense of injustice and seek to slow up a process the consequences of which would change their lives[2] dramatically.

Notes
1 This construction requires the subjunctive. Present subjunctive here.
2 Idiomatic singular. Compare 'refaire leur vie' in the reading comprehension passage.

Vocabulary
désabusé
être résolu à + infin.
coûte que coûte
chasser
s'accomplir (preferable to the passive here)
nourrir un sentiment de

(B)   De Gaulle having arbitrarily decided their fate, these repatriates crossed the Mediterranean by boat and plane during the summer months of 1962. They were no doubt wondering how they would be welcomed, what sort of temporary accommodation would be provided. For them, these were anxious moments, since it was a question of rebuilding their lives.

In fact, the authorities had not foreseen such an influx and had difficulty in coping with the situation. At the start, for example, they had to sleep in schools and barracks. France could have received them more hospitably.

Most of the 'pieds-noirs' eventually settled in the south and in Corsica, but there were some who chose to live abroad.

A quarter of a century later, the French government is intending to compensate them.

Vocabulary
décider de (sa vie, son avenir, etc.)
provisoire
en réalité
faire face à

UNIT 14

Translate the following passage into English:

The wedding-guests arrive

Le repas de noces, après l'église et la mairie, eut lieu dans une auberge sur une route nationale. La rapidité avec laquelle Martine fit son choix parmi tous les restaurants qu'elle avait été voir laissait supposer qu'il y avait belle lurette que ce choix était fait, autrement, à peser le pour et le contre, elle aurait épuisé tout le monde avant de se décider . . .

– Tout est en ordre, Madame Donzert, vous serez satisfaite, et le jeune mariée aussi, dit   5
le patron qui se tenait au milieu de la salle et saluait les invités.

La salle était sombre et fraîche, protégée par de très gros murs et on se rendait bien compte que la maison portait des siècles sur le dos, ses poutres taillées à la hache, la cheminée en pierre sculptée. Le nouveau propriétaire avait mis, le long des murs, des banquettes tendues de vinyle rouge feu, et les tables à dessus de matière plastique, rouge   10
également. Un bar, des bouteilles, un parquet de dancing en bois jaune, verni. Aux murs, entre des bassinoires et des chaudrons en cuivre, photos de jockeys, de chevaux et nus artistiques. Le patron était somptueux : grand, le torse imposant, les hanches étonnamment étroites et un gros ventre ovale en forme d'œuf qui n'allait pas avec le reste, commme surajouté. Avec ça, une tête de César, très brune et autoritaire . . . Peut-être   15
venait-il de Marseille, via Montmartre. Il salua très bas Mme Denise, impeccable avec ses cheveux blancs et sa robe de chez Dior, accompagnée de son ami, un ancien coureur d'auto.

Elsa Triolet, *Roses à Crédit*,
Gallimard (Collection Folio)

(A)   Read these two passages and answer, in English, the questions that follow:

87, L'Année du Minitel

Les inventeurs du Minitel ont fait preuve d'ouverture et d'imagination. Conscients de détenir un nouveau sésame, ils l'ont mis à la disposition de tout le monde. Au nom de la liberté de communiquer, inscrite dans notre constitution, ils ont rédigé (en langage informatique) ce supplément aux Droits de l'homme (et de la femme) : 'Chacun est libre de diffuser ce qu'il veut sur le réseau télématique, du moment que la Direction générale   5
des Télécommunications empoche les taxes téléphoniques.'

Mesure-t-on bien ce que cela signifie au plan des libertés publiques? Avec un micro-ordinateur et une ligne téléphonique, n'importe qui peut diffuser, sans aucun contrôle, n'importe quel message. En texte et en images. Les équipements nécessaires – innombrables – sont vendus partout.   10

Fabien Gruhier, *Le Nouvel Observateur*

Journal d'une branchée

Pour ne plus se fatiguer, Thérèse Richard a décidé de tout faire à partir de son Minitel. Une aventure épuisante . . .

La journée s'annonce mal : mille choses à faire et une sérieuse fuite d'eau dans la cuisine. Coincée! En attendant le plombier je me trouve avec un frigo vide, une sombre histoire de chèque à régler, un chat patraque. Mes enfants comptent sur moi pour
5   m'occuper de leurs vacances de Noël, sans parler de leurs cadeaux, et mon père qui arrive ce soir désire que je lui trouve une chambre d'hôtel pour 'ne pas déranger'.

Pour mettre toutes les chances de mon côté, je me connecte, grâce à mon Minitel sur STELLA : la date, l'heure et le lieu de ma naissance me donnent la configuration des astres. La journée sera bonne, même les prévisions pour la semaine sont encourageantes.
10   Armée de courage et de l'annuaire Listel, j'entreprends de régler mes problèmes.

Rassurée sur l'état de mon chat grâce à ANIMATEL, je me mets à jongler avec le 3614 et le 3615 pour passer en revue le guide des stations de ski, les possibilités d'hébergement en Bretagne et vérifier à tout hasard les promotions offertes par VOYAGEL. Grâce aux services d'Air France, d'Air Inter et de la SNCF, je dispose des horaires et des tarifs. Les
15   vacances de Victor et Zoé prennent forme. Ce soir nous déciderons.

Le cœur plus léger, je me connecte sur OBS, mon journal préféré, pour prendre en quelques flashs le pouls de l'actualité . . . Mais l'homme ne vit pas que de nouvelles : il faut me brancher avant 10 heures sur TELEMARKET si je veux qu'on me livre par exprès ce soir – pâtes, huile, baril de lessive, boîtes à chat . . .
20   Le concierge monte le courrier. Toujours pas de nouvelles du chèque de la Sécurité sociale. Après avoir tapé mon code confidentiel, l'état de mon compte défile sur l'écran. Mon virement est arrivé hier. Ouf! Je vais pouvoir penser aux cadeaux après avoir glané quelques conseils auprès des services de l'INC. En attendant, je m'attarde sur quelques conseils de placements recommandés par mon banquier. On peut toujours rêver. Mais les
25   solutions de crédit me seront beaucoup plus utiles si je veux acheter la voiture d'occasion que j'ai repérée grâce à APEX. Cessons de geindre, il y a plus malheureux que moi. Ma copine Hélène n'a toujours pas de travail. Je recense les offres d'emploi dans son secteur que proposent l'APECT et ULYSSE : dix propositions d'orthophonistes pour diverses régions, avec le lieu, le salaire et la qualification exigée. Je note les coordonnées.
30   Il ne reste que quelques heures avant l'arrivée de mon père. Je lui réserve une chambre d'hôtel grâce à RIFOTEL et, pleine de bons sentiments, je me renseigne sur les possibilités de cures thermales en me branchant sur PAT : je sais qu'il caresse ce projet pour soulager ses rhumatismes . . .

Les enfants rentrent de l'école. Zoé, la mine sombre, a eu une mauvaise note en
35   grammaire. Une petite révision sur EAO s'impose! Les questions défilent et chaque bonne réponse s'accompagne d'un commentaire encourageant: 'Bravo, réponse exacte.' Devant tant d'application, je lui promets de la laisser jouer un moment au pendu ou à la bataille navale sur FUNITEL . . .

Le soir tombe. Mon époux doit rentrer d'un voyage professionnel en province. Je me
40   rassure en consultant l'état de la circulation sur l'autoroute et pioche quelques idées pour le menu du dîner sur VATEL.

Thérèse Richard, *Le Nouvel Observateur*

Vocabulary
branché(e) up-to-date; (and, literally,) plugged in
coincé(e) stuck, stymied
patraque seedy, off colour
le virement credit transfer
un(e) orthophoniste speech therapist

1 What did the inventors wish to do with Minitel? What does the author of the article say about their attitude?
2 Explain how Minitel meets the requirements of the constitution.
3 How does the 'DGT' benefit financially from the use of Minitel?
4 Apart from the empty fridge and the sick cat what problems does Thérèse Richard have to contend with on this particular day?
5 Why is she pleased that she contacted STELLA?
6 What does she seek in Brittany? What might VOYAGEL have to offer?
7 What is she hoping to have delivered during the evening?
8 Why is she relieved when details of her bank account appear on the screen?
9 What three ways of spending the money occur to her?
10 Explain exactly how she helps Helen, and with what result.
11 What use does her daughter make of Minitel?

B) Explain in French the meaning of the following phrases:

en langage informatique
les prévisions pour la semaine prochaine
prendre le pouls de l'actualité
une voiture d'occasion

une station de ski
le lieu de naissance
une cure thermale
les possibilités d'hébergement

(C) Which nouns, referring to persons, are related to the following words taken from the passages?

e.g. 'banque' and 'banquier'

rédiger	équipements	utile	salaire
informatique	livrer	commentaire	conseil
grammaire	arriver	province	entreprendre

Choose ten of the nouns you have listed to complete the following sentences:

1 Les _____ français ont préparé un annuaire électronique.
2 Peut-être le _____ a-t-il laissé les provisions chez la concierge.
3 Il a épousé une _____ qui ne connaît guère la capitale.
4 Il est _____ de pompes funèbres.
5 Il a été nommé _____ à la cour.
6 Étant cadre supérieur, son père ne s'associe pas beaucoup aux _____ .
7 Un but a récompensé les derniers efforts des _____ exhortés par leur capitaine indomptable.
8 Les nouveaux _____ se dirigeaient vers la réception.
9 L' _____ de ce téléphone est prié de se munir préalablement de pièces de monnaie.
10 Le _____ est respecté de tous les journalistes.

(D) Paraphrase the following sentences taken from the passages, incorporating the words in brackets:

1 Les équipements nécessaires sont vendus partout. (falloir, se)
2 Chaque bonne réponse s'accompagne d'un commentaire encourageant. (commenter, manière, correct(e))
3 Devant tant d'application je lui promets de la laisser jouer au pendu. (puisque, s'appliquer, si)
4 Pour Zoé, une petite révision s'impose. (falloir absolument, peu)

5   Je recense les offres d'emploi dans son secteur. (liste, intéresser, dresser)
6   Je me rassure en consultant l'état de la circulation. (afin de)
7   Mesure-t-on bien ce que cela signifie au plan des libertés publiques? (domaine signfication, apprécier)
8   Ma copine Hélène n'a toujours pas de travail. (encore, emploi, trouvé)

(E)   Fit these 20 words appropriately into the blank spaces of the following passage (which introduces Fabien Gruhier's article).

près	télématique	retard	de
années	pour	haut	mondiale
pourtant	nombre	tout	matières
abonné	passe	comment	à
fabriqué	bas	où	plus

La scène se _____ à la fin des _____ 70, sur fond de crise du pétrole et de renchérissement des _____ premières. La France achève le rattrapage de son _____ téléphonique. Donc, la France est à peu _____ saturée en combinés (telephone receivers). Les usines qui avaient _____ les téléphones menacent de débaucher. Il faut trouver quelque chose _____ neuf _____ les occuper. Au même moment, les PTT ont un énorme problème : plus il y a d'abonnés au téléphone, _____ il faut tirer d'annuaires et plus ceux-ci sont épais. A une époque _____ le prix du papier fait de l'alpinisme . . .

Comment redonner du travail aux usines de téléphone, _____ en faisant l'économie de l'annuaire papier? Simple : répandre de force un gadget _____ permettant à chaque _____ de consulter la liste de tous les autres. L'annuaire électronique était né. Sur papier

Restait _____ résoudre de monstrueux problèmes de technique informatique et de politique industrielle. Comment réaliser cette invraisemblable banque de données (data) à vingt millions d'entrée (le _____ des abonnés)? Du jamais vu à l'échelle _____ . _____ faire fabriquer à un rythme suffisant – et à très _____ prix – les terminaux nécessaires? 'On a eu la trouille,' dit un _____ fonctionnaire des PTT. 'Beaucoup d'informaticiens compétents déclaraient la chose impossible.'

_____ , c'est fait.

Fabien Gruhier, *Le Nouvel Observateur*

SECTION 3

(A)   Varying suitably the form and tense of 'il y a', complete the following sentences. Replace by 'en' the nouns underlined.

1   Ils espèrent qu'il _____ un Minitel chez tous les Français dans un proche avenir.
2   Pourquoi n' _____ il pas d'œufs dans le frigo?
3   Il pourrait _____ des orages dans la région ce soir.
4   Il paraît qu'il _____ un accident sur la place ce matin.
5   S'ils avaient menacé de débaucher, il _____ une grève.
6   Pourvu qu'il n' _____ pas trop de monde, je voudrais bien y aller.
7   Soudain il _____ un coup de tonnerre assourdissant et la grêle se mit à tambouriner sur le toit.
8   Il _____ des gens qui regardent de tels gadgets d'un œil méfiant.
9   Il apprit que, peu avant son arrivée, il _____ une alerte à la bombe.
10 Il va _____ un concert demain soir.

(B)   There are very few verbs in French that are strictly speaking impersonal (e.g. 'il faut, il pleut, il fait beau,' etc.). A certain number, however, may be used impersonally. These include 'agir, convenir, importer, manquer, paraître, plaire, rester, sembler, suffire, valoir'. In addition, one may regard as impersonal many expressions beginning 'il est . . .', such as 'il est vrai, possible, temps, rare,' etc..

Use some of these verbs and expressions (and similar ones) in order to paraphrase the sentences that follow:

e.g.   'Il savait que ce n'était pas la peine d'essayer de les contacter. (inutile)'
becomes

'Il savait qu'il était inutile d'essayer de les contacter.'

1   Il était question d'éduquer le grand public. (s'agir)
2   J'ai l'impression qu'ils ne l'utilisent qu'avec difficulté. (sembler)
3   Ils avaient toujours quelques centaines de francs. (rester)
4   Est-ce qu'ils ont tout ce dont ils ont besoin? (falloir)
5   Elle sort rarement le soir. (rare)
6   Il serait préférable de passer en revue les hôtels recommandés. (valoir)
7   Peut-être attend-il votre chèque. (possible)
8   On n'avait qu'à le voir pour comprendre le problème. (suffire)
9   J'ai mis deux ans à préparer la thèse. (falloir)
10   On n'aurait pas pu le convaincre. (impossible)

Before undertaking exercises C and E, check when, in written French, the inversion of subject and verb is considered necessary.

(C)   In numbers 1 – 5 rewrite the questions without using 'est-ce que'. In numbers 6 – 10 invert suitably the words underlined.

1   Pourquoi est-ce que le livreur n'avait pas apporté la lessive?
2   Quand est-ce que les jurés leur annonceront les résultats?
3   Est-ce que l'autoroute est encombrée le dimanche?
4   Combien de nos élèves est-ce que cet établissement pourra embaucher?
5   Comment est-ce que les grévistes ont reçu cette nouvelle?
6   'Mais si,' (elle a répondu) d'un ton sec.
7   'Est-ce qu'il viendra?' (la jeune fille s'est demandé) en regardant sa montre.
8   'J'aurais dû partir sans lui,' (elle s'est dit).
9   'Bien joué' (les spectateurs ont crié) tous ensemble.
10   'Mon Dieu!' (il s'écria) en ouvrant la lettre.

(D)   In the previous unit you used 'douter, jouer, sentir' and 'servir' with a variety of constructions and meanings. Before undertaking the exercise that follows, check the possibilities of 'attendre, entendre, penser, répondre' and 'tenir'.

Rewrite the following sentences, paraphrasing the words underlined. The 'basic' verb required in each case is given in brackets.

1   Comment trouvez-vous le tableau? (penser)
2   Je croyais que j'aurais des questions plus difficiles. (attendre)
3   C'est bien dommage qu'elle fasse mauvais ménage avec ses collègues. (entendre)
4   Elle ressemble beaucoup à sa mère. (tenir)
5   Ses copains lui conseillèrent de rester coi. (tenir)
6   Il nous assura qu'il se porterait garant du comportement de ses élèves. (répondre)

7   Il entreprit la mission sans <u>envisager</u> les conséquences d'un échec éventuel. (penser)
8   Il <u>voulait absolument</u> les revoir. (tenir)
9   <u>Autant que je sache</u>, lui et ses co-équipiers <u>s'accordent</u> bien. (entendre)
10 <u>Quel est, pour vous, le sens de</u> ce verbe 'immatriculiser'? (entendre)

(E)   Complete the following sentences by including the words in brackets. In three cases no subsequent inversion of subject and verb is required.

1   _____ ils regretteront d'en avoir acheté un. (jamais . . . ne . . .)
2   _____ les jeunes apprendront vite à l'utiliser. (sans doute)
3   _____ j'avais mis mon manteau _____ le chien venait s'asseoir devant moi. (à peine . . . que . . .)
4   _____ ils ont réglé le problème du débauchage, _____ ils ont réalisé un gadget très rentable. (non seulement . . . mais encore . . .)
5   _____ les professeurs attachent trop d'importance à la grammaire. (peut-être)
6   _____ le directeur eut quitté la salle, _____ les élèves se remirent à chahuter. (à peine . . . que . . .)
7   Elle est plutôt faible en maths; _____ elle prend des leçons particulières. (aussi)
8   _____ il appuie sur le bouton; le petit écran ne s'allume pas. (en vain)
9   _____ c'est l'avis de ceux qui s'y connaissent. (du moins)
10 _____ il pourra se renseigner en s'y branchant. (peut-être que)

(F)   Rewrite the sentences below, inserting appropriately one of the following prepositions or adverbs where there is a blank:

avant	en avant	en avant de
arrière	en arrière	derrière
devant	avant de	

1   A un kilomètre _____ nous je crus discerner les feux _____ de la voiture que nous poursuivions.
2   Les mains _____ le dos et le chapeau rejeté _____ il passait _____ la banque quand je l'ai hélé.
3   _____ faire marche _____ il se retourna pour s'assurer qu'il n'y avait personne _____ la voiture.
4   C'est un employé consciencieux qui arrive _____ les autres.
5   Pour ne pas être vue des voisins elle sortit par la porte de _____ .
6   Il ne sera pas de retour _____ sept heures.
7   Elle se pencha _____ pour mieux voir les lettres.
8   Soudain il sortit de _____ l'arbre.
9   On le pria d'aller _____ parce qu'il connaissait mieux le chemin.
10 Il est _____ de sa classe et il lui faudra redoubler.

SECTION 4

Translate into French the following passages, which incorporate some of the vocabulary of Sections 1 and 2 and some of the grammar points practised in Section 3.

(A)   For some months they had been toying with the idea of visiting Finistère, since they hardly knew the region. The weather forecast for the week was favourable and at this time of the year the main roads would be less congested than in August. It was now a question of reviewing possible accommodation before making their choice.

They weighed very carefully the pros and cons of staying near Brest with one of Bernard's old school friends. Would Xavier be pleased to see them again? They had heard that he suffered a lot from rheumatism and didn't often go out.

Vocabulary
le Finistère
époque (f)
encombré(e)
faire un séjour
entendre <u>dire</u> **que**

(B)   The weather looked promising and, with a light heart, Paul left the hotel and drove off. His boss wasn't expecting to hear from him until Monday. In less than three days he had been able to answer all the questions raised by the customers who had just installed the electronic equipment in their factories. Of course, it would take them time to get used to it. Perhaps he would be asked* to undertake the training of the new operators. He found most attractive the idea of living out of Paris for a while.

Suddenly there was a screech of tyres. 'You fool!' he said to himself, realising he should have given way to the driver of the Peugeot on his right.

Vocabulary
démarrer
soulever
la formation
plein d'attraits
laisser la priorité à

*Avoid passive here

UNIT 15

----------------------------- SECTION 1 -----------------------------

Translate the following passage into English:

Cruising in the Indian Ocean

Le Moana ne fit qu'une brève escale à Ceylan : il s'engageait maintenant dans la plus
longue étape du voyage sur une des mers les plus étouffantes du globe. Mais tout était si
soigneusement prévu à bord pour faire oublier aux passagers les distances et les aléas
d'une navigation, qu'ils franchissaient des océans sans s'en apercevoir, flottant dans ce
5   léger ennui qui nimbe les croisières de luxe, retrouvant leur brosse à dents dans le même
verre chaque matin, faisant leur courrier à la même table, mangeant, qu'il fasse beau, qu'il
fasse laid, les mêmes nourritures congelées venues d'Europe dans la même salle à manger
où régnait la même température artificielle, si bien qu'ils finissaient par avoir l'impression
de rester sur place et que c'étaient les continents qui venaient à eux, se disputant
10 l'honneur de défiler devant leurs chaises longues au rythme paresseux des voyages en
mer. Quand une ville leur plaisait, ils l'accrochaient au passage et la maintenaient au bout
de leur ancre, le temps de descendre. Puis ils la relâchaient et la ville s'écartait doucement
pour laisser place à une autre. L'Asie avait ainsi succédé à l'Afrique, sans rien changer à la
vie quotidienne ni intime du Moana. Marion trouvait décevant que pareil voyage laissât si
15 peu de marques. C'était une pensée naïve mais tenace.

Benoîte Groult, *La part des choses*,
Grasset, Le Livre de Poche

----------------------------- SECTION 2 -----------------------------

(A)   Read the followng passage, and then answer in English the questions below:

Centrale des Mers

L'usine marémotrice de la Rance a vingt ans. Une centaine de spécialistes se sont réunis à
Saint-Malo pour la circonstance. Quel avenir pour l'énergie des marées?
Pour les vingt ans de l'usine marémotrice de la Rance, EDF a organisé à Saint-Malo un
colloque international, au cours duquel plus de cent specialistes d'une douzaine de
5   nationalités ont discuté de l'avenir de l'énergie des marées. La Rance a été inaugurée par
le général de Gaulle le 27 novembre 1966.* Après une période d'essai, l'usine est entrée
en plein service en 1968. Les turbines-alternateurs ont eu quelques problèmes en 1975.
Mais on peut dire que, bon an, mal an, elle produit très régulièrement de l'électricité : 609
millions de kilowattheure en 1985.
10 Certes, la production de l'usine de la Rance ne représente que 0,2% de la production
française d'électricité. Mais il faut rappeler les principes très particuliers inhérents à
l'exploitation de l'énergie des marées.
L'énergie marémotrice est fondée sur la différence des niveaux des basses mers et des
hautes mers.* On barre un estuaire en aménageant des ouvertures pour que la marée
15 haute passe dans le basin ainsi créé en amont du barrage. Lorsque la marée est étale, on
ferme les ouvertures de façon à maintenir derrière le barrage le niveau de haute mer. On
attend que la mer libre commence à baisser. Lorsque la différence des niveaux, de part et

d'autre du barrage, est de l'ordre de 3,50 mètres, l'eau du bassin entraîne les turbines, lesquelles entraînent à leur tour les alternateurs et produisent de l'électricité.

Dans le cas de l'usine de la Rance, conçue par Robert Gibrat, les groupes turbines-alternateurs peuvent marcher dans les deux sens : du bassin vers la mer (turbinage direct) ou de la mer vers le bassin (turbinage inverse). En pratique, le turbinage direct fournit 80 à 90% de l'énergie produite par l'usine.   20

L'énergie marémotrice est obligatoirement liée au rythme lunaire, c'est-à-dire aux deux marées hautes et aux deux marées basses qui se succèdent, en se décalant un peu chaque   25 jour, au cours des vingt-quatre heures du jour solaire.* La production d'une usine marémotrice est donc forcément intermittente : l'usine de la Rance 'travaille' environ six heures par jour, et ses périodes productrices ne coïncident que rarement avec les pointes de la demande en électricité..

*On essaie donc de remédier à cet inconvénient en pompant aux heures creuses,   30 surtout en marée de morte-eau, de l'eau de mer qui surélève le niveau du bassin. Pour la Rance, cette surélévation est de 3,50 mètres au maximum, ce qui représente un volume supplémentaire de 60 millions de mètres cubes que l'on s'efforce de relâcher aux heures de pointe. Depuis 1982, la Rance est ainsi exploitée en fonction des marées bien sûr, mais aussi en fonction du coût du pompage et du prix de vente du courant . . .   35

Il faut en effet plusieurs conditions pour qu'on puisse construire des usines marémotrices.

Des marées importantes. La différence entre marée haute et marée basse doit être supérieure à 4 mètres (elle est de 8 mètres à la Rance en moyenne). Peut-être 3 mètres suffiraient-ils dans certains cas.   40

Un réseau qui absorbe l'électricité produite de façon intermittente par les marées et qui fournit l'électricité indispensable au pompage.

Une région assez proche, suffisamment habitée et industrialisée pour être grande consommatrice d'énergie.

*Si l'on ne tenait compte que de l'importance des marées, on dirait qu'il y a une   45 centaine de sites dans le monde. Mais, avec les autres conditions, le nombre de sites économiques utilisables se réduit singulièrement : un site sur la côte ouest de Corée du Sud, à 100 kilomètres de Séoul; un site dans le nord-ouest de l'Inde sur la côte sud de la presqu'île de Kutch; plusieurs sites sur les côtes américaines et canadiennes de la baie de Fundy; l'estuaire de la Severn en Grande-Bretagne, entre la Cornouaille et le Pays de   50 Galles; l'estuaire de la Mersey, le fleuve de Liverpool, en Grande-Bretagne.

Parmi les projets, celui de la Severn est probablement le plus avancé. Il s'agirait d'une usine qui aurait une puissance de 7,2 millions de kilowatts.

Il y a bien les sites de la Patagonie argentine et du nord de l'Australie, remarquables paraît-il. Mais éloignés de toute concentration humaine et industrielle, ils restent au rang   55 de curiosités géographiques.

*EDF a acquis avec l'usine de la Rance une expérience unique : elle a ainsi largement participé aux premières études coréennes et indiennes et a été consultée pour le projet de la Severn.

Mais on peut tout de même s'interroger sur l'avenir de cette source d'énergie dont la   60 technique est certes bien maîtrisée, mais qui exige des investissements énormes pour une disponibilité intermittente par définition.

Yvonne Rebeyrol, Le Monde

Vocabulary
usine marémotrice   tidal power station
étale   slack (of water, at flood or ebb of tide)
décaler   to shift, adjust
marée de morte-eau   neap-tide
   (cp. **marée de vive-eau**   spring-tide)
EDF Électricité de France

1   What was the main subject under discussion at the Saint-Malo conference?
2   How exactly does the sea offer a source of energy here?
3   When such a power station is to be constructed at the mouth of a river, what is the initial task?
4   What is the significance of the measurememt 3,5 metres?
5   Explain in detail the process by which electricity is produced on the Rance.
6   How many times a day was full production achieved before 1982?
7   With what problem did the French Electricity Board have to contend? How has this problem been overcome?
8   List the conditions under which the construction of this type of power station is considered worthwhile.
9   How, and in which countries, has the French Electricity Board been able to assist as a result of this venture?
10   Summarise the last paragraph.

(B)   Study the following pairs of definitions, each of which corresponds to a word in the passage. List the ten words defined and, after each, put A or B to show with definition is more appropriate in this context.

1	A	conversation	6	A	eau qui sort de terre
	B	débat organisé		B	origine d'une chose
2	A	se déplacer à pied	7	A	transmettre son mouvement à
	B	fonctionner		B	avoir pour conséquence inévitable
3	A	considérable en quantité	8	A	capacité à accomplir un certain travail dans un temps donné
	B	considérable en conséquence		B	état souverain
4	A	le temps futur	9	A	épreuve visant à étudier un phénomène
	B	situation future d'une personne		B	connaissance des choses qui résulte d'une longue pratique
5	A	beaucoup	10	A	personnes réunies en un lieu
	B	d'une façon étrange		B	application de tout l'effort intellectuel sur un objet

(C)   Give your own definition in French of the following:

une période d'essai   un estuaire   les pointes de la demande
une presqu'île   une usine marémotrice   un inconvénient

(D)   List the words and phrases in the passage that have an opposite meaning to those listed below:

le passé   la fermeture   en principe   le prix d'achat   lointain
à marée haute   en aval de   aux heures de pointe   détruire   régulier

(E)   Rewrite the passage below, inserting suitably the following words:

pour	mis	qui	construit
bacs	efficace	marée	par
corrosion	long	Rhin	en
an	gratuites	crue	permet
franchir	changées	été	forme

Le prototype

Le barrage-usine de la Rance est _____ de 750 mètres, large de 53 mètres, haut de 33 mètres. Il _____ à la route Saint-Malo – Dinard de _____ le fleuve côtier, ce _____ évite les 40 kilomètres de détour par le pont de Saint-Hubert (au nord de Dinan) et les passages par des _____ .

L'électricité est produite _____ 24 groupes bulbes de 10 000 kilowatts chacun. Les turbo-alternateurs, contenus dans une enveloppe en _____ de bulbe d'un type _____ au point spécialement pour la Rance, ont _____ utilisés par la suite _____ équiper des chutes de faible hauteur, sur le Rhône et le _____ notamment. Tout le matériel composant les bulbes a été _____ en aciers spéciaux et est de plus doté, pour éviter la _____ marine, d'un système de protection cathodique. Celui-ci est tellement _____ que les hélices à quatre pales orientables mises en rotation par la chute d'eau n'ont jamais eu à être _____ depuis vingt ans.

Par les vingt-quatre groupes passent _____ moyenne à chaque _____ 220 millions de mètres cubes, soit 6 000 mètres cubes par seconde (c'est-à-dire l'équivalent du débit du Rhône en _____).

Soixante personnes travaillent en permanence à l'exploitation et à l'entretien de l'usine.

Un circuit de visites _____ , accueillant vingt mille personnes par _____ , est organisé tous les jours, de 8 heures à 18 heures.

Yvonne Rebeyrol, *Le Monde*

(F)   Following the outline provided and incorporating the words and phrases in brackets, you are asked to paraphrase those six sentences in the passage that are marked with an asterisk.

1   Avant – plein service – une période d'essai. (entrer, usine, subir)
2   Grâce – ouvertures – barrage, on – la marée haute – bassin ainsi créé. (aménager, permettre, passer)
3   Puisque l'usine marémotrice ne – que – intervalles, il est rare – de l'électricité – pointe. (fonctionner, produire, heure)
4   On a essayé – des heures creuses en – pompes électriques. (obstacle, se servir)
5   – dans le monde une centaine de sites où – importance – , mais ils doivent – conditions. (nécessaire, répondre, manière satisfaisante)
6   – suite – son expérience – sur la Rance, EDF – grand service – Indiens et – , qui – train de – d'usines pareilles. (rendre, possibilité)

(G)   In the passage you have just read there is mention of the country 'Corée', for which the corresponding adjective is 'coréen(ne)'.

Using for the most part the names of French provinces and towns or corresponding adjectives, complete the following sentences:

1   L'autre nom de la langue d'oc est le _____ .
2   Au dixième siècle les 'hommes du Nord' se sont installés en _____ .
3   Anvers est un port _____ .
4   Le port de la capitale _____ est Leith.
5   La capitale de la Pologne s'appelle _____ .
6   Il a fait ses études à l'université de Poitiers, chez les _____ .
7   Dijon, ancienne capitale de la _____ , est renommé pour sa moutarde.
8   Dans le Finistère on parle et le français et le _____ .
9   Il va sans dire que les _____ sont très fiers de leur patrie, Monaco.

10   Il ne faut pas confondre 'islandais' et 'i _____ '.
11   Le prince de _____ est le fils aîneé de la reine anglaise.
12   Une _____ est une habitante de Lyon.

─────────────────── SECTION 3 ───────────────────

Before undertaking the three exercises that follow, consider in a reference grammar the general points concerning the formation and use of the passive voice, noting the part played by 'on' and reflexive verbs in its avoidance under certain circumstances.

(A)   Use 'être' and the past participle of a suitable infinitive taken from the list that follows in order to complete the sentences below. Remember, when using the passive, to make the past participle agree with the subject.

e.g.   'Hier encore le gros chat tigré de notre voisin _____ _____ du jardin par César.'
(chasser)
becomes
'Hier encore le gros chat tigré de notre voisin a été chassé du jardin par César.'

décevoir   écraser   recevoir   frapper   assourdir
soigner   accompagner   convoquer   mettre   attaquer

1   On hospitalisa d'urgence la vieille dame qui _____ _____ en traversant la rue de l'Horloge.
2   'J'espère bien que, toi aussi, tu _____ _____ au bac l'année prochaine, Monique,' dit sa tante.
3   Peu après son arrivée en Inde, elle _____ _____ d'une maladie dont elle mourut l'année suivante.
4   On lui expliqua que, s'il y retournait, il courrait le risque de _____ _____ en prison.
5   Toutes les fois que je les voyais au parc, ils _____ _____ de leurs enfants.
6   Si le conseil municipal ne l'avait pas nommé maire, il _____ cruellement _____ .
7   Le vent soufflait en tempête et nous _____ presque_____ par le grondement des vagues.
8   Tous les autres candidats _____ _____ par téléphone hier, mais personne ne m'a encore contacté.
9   Elle _____ très bien _____ par les infirmières de la clinique et se rétablissait peu à peu.
10   Étant tombés, à leur insu, dans un véritable guêpier, ils _____ _____ aussitôt par des journalistes implacables. Le ministre dut démissionner.

(B)   As a rule, when 'things' rather than persons are the subject of the passive, there are three ways of expressing more or less the same idea:

e.g.   Cette carte de crédit s'utilise en France et à l'étranger.
Cette carte de crédit est utilisée (peut être utilisée) en France et à l'étranger.
On utilise (peut utiliser) cette carte de crédit en France et à l'étranger.

In the following exercise, rewrite the sentences, replacing the words underlined by the alternatives indicated in brackets:

1   De plus en plus de tondeuses électriques sont employées dans les jardins de la banlieue parisienne. (se)

2 Une voiture d'occasion en bon état <u>n'est pas trouvé</u> tous les jours. (se)
3 C'est une revue hebdomadaire qui <u>s'achète</u> à n'importe quel kiosque. (on peut)
4 Ce sont des locutions <u>qui se confondent</u> souvent. (on)
5 Le problème du pneu crevé <u>a été vite réglé</u>. (se)
6 Heureusement ce petit contretemps <u>sera vite oublié</u>. (se)
7 De telles usines <u>ne se construisent pas</u> n'importe où. (on peut)
8 Le docteur m'a prescrit un médicament qui <u>est pris</u> après les principaux repas. (on)
9 Heureusement, c'est une de ces corvées <u>qu'on accomplit</u> en peu de temps. (se)
10 <u>On lit</u> avec grand plaisir les contes de cet écrivain. (se)

(C) Express <u>eight</u> of the following sentences in the passive. Which two must remain in the active, and for what reason? Check the difference between 'par' and 'de', which are both used to express 'by', and the use of 'obéir' in the passive.

1 Un des employés les accueillit à l'entrée de l'usine.
2 Il est permis maintenant aux jeunes gens et jeunes filles de dix-huit ans de voter.
3 Les Rémois ont battu l'équipe de Monaco deux à zéro.
4 Tous les soldats lui obéissent aveuglément.
5 L'hélicoptère les a enfin repérés à quelques centaines de mètres du sommet.
6 On avait demandé aux passagers de rester assis.
7 Un jeune pianiste français interprétera ce soir les deux sonates de Liszt.
8 Son épagneul fidèle le suit partout.
9 Des policiers, mis dans le coup, ont pris le cambrioleur en flagrant délit.
10 Un ingénieur français a conçu cette usine.

(D) Before undertaking this exercise, check the meaning(s) of the following compounds of 'venir':
convenir, devenir, parvenir, revenir, (se) souvenir (de), survenir, intervenir, contrevenir, subvenir, prévenir
  The last three mentioned are conjugated with 'avoir' in compound tenses; depending on meaning 'convenir' is conjugated with either 'avoir' or 'être'.
  Select verbs appropriately from the above list to complete these sentences. Each blank represents a missing word.

1 On l'accuse d' _____ _____ aux règlements de la douane.
2 Plus jeunes, nous aimions beaucoup le jazz, mais nous en _____ _____ .
3 Il a demandé à la société de _____ à ses frais.
4 'Dès que nous rentrerons, je _____ le docteur. Ça pourrait être grave,' ajouta-t-elle.
5 L'infirmière, l'air soulagé, leur dit que le docteur _____ _____ à la ressusciter.
6 'Te _____ -tu du jour où le laboratoire a pris feu?'
7 Elle n'avait jamais écrit et il se demandait ce qu'elle _____ _____ .
8 Il _____ _____ quelque chose d'imprévu; il faudra contremander les invités.
9 Si la date ne lui _____ pas _____ , il le leur aurait dit plus tôt.
10 Lorsqu'il _____ dans la conversation, on le regarda de travers.

(E) The final group of verbs, under consideration in these units, that vary their constructions (and meanings), are 'apercevoir, convenir, croire' and 'manquer'.
  Rewrite the sentences that follow, paraphrasing the parts underlined. The 'basic' verb required is given in brackets after each sentence.

1 Il <u>n'a pas tenu</u> sa promesse. (manquer)
2 Il <u>vit</u> que la marée était basse. (apercevoir)

3 J'étais persuadé que je les avais vus au concert. (croire)
4 Il tenait un langage franc qui était approprié aux circonstances. (convenir)
5 J'espère qu'il n'oubliera pas de nous avertir. (manquer)
6 C'est bien dommage qu'il ait laissé passer cette occasion. (manquer)
7 Il ne se rendit pas aussitôt compte de l'importance de sa découverte. (apercevoir)
8 M. Fabergé à toujours eu confiance en son fils.(croire)
9 Ils s'étaient mis d'accord pour entamer le projet. (convenir)
10 Ils ont tout ce qu'il leur faut. (manquer)

(F) There are a large number of prepositional phrases in regular use, some of which were listed in Unit 11. Of the 12 additional phrases that follow, insert 10 in the sentences below.

à titre de	en dehors de	faute de
en faveur de	par rapport à	à la suite de
dans l'intention de (+ inf.)	à l'appui de	au rang de
sous prétexte de	en raison de	à la poursuite de

1 Il dit dans sa lettre qu'il faut lui envoyer la somme de 10 000 F _____ arrhes.
2 Il dut renoncer à son projet de vacances, _____ argent.
3 _____ le mauvais temps, ils ont différé leur visite.
5 _____ cette pluie torrentielle la rivière déborda.
6 On construisit le barrage _____ exploiter cette source d'énergie importante.
7 On lui demanda de fournir des preuves _____ ses allégations.
8 _____ un rendez-vous urgent, il s'excusa auprès de son hôtesse.
9 _____ une centrale normale, cette usine a une capacité de production très limitée.
10 Un C.R.S.* se jeta _____ le terroriste.

*C.R.S. compagnies républicaines de sécurité – riot police

─────────────────── **SECTION 4** ───────────────────

Translate the following passage into French:

For some years the possibility of building a dam across the mouth of the Rance had been discussed. Powerful tides sweep the coast of this north-east corner of Brittany. By harnessing these natural forces it was hoped to provide an additional source of energy.

Following a trial period which proved satisfactory, the tidal power station came into regular service in 1968. Since then the production of electricity has seldom been interrupted, although, in relation to that of a conventional power station, this production is slight.

As the tides provide energy for only six out of 24 hours, the French Electricity Board has resorted to pumping in order to extend the period during which the demand for electricity can be met.

For those who are interested in such a project it is possible to visit the station, free of charge, and study the methods of operating and maintaining the machinery.

Vocabulary
en travers de (preferable to 'à travers' here – why?)
puissant
s'avérer   **avoir recours à qqn/qqch**
la centrale   **faire face à**
étant donné que   **à titre gratuit**

UNIT 16

---------- **SECTION 1** ----------

Translate the following passage into English:

Simenon's characters

Ce qui m'étonne le plus, c'est que les romans de Simenon soient au moins aussi lus dans les autres langues qu'ils le sont en français: il existe même des pays où ils touchent un public beaucoup plus étendu que dans le nôtre. Et pas plus les Américains que les Japonais, les Russes ou les Abyssins ne se sentent dépaysés dans ce monde romanesque où les êtres et les lieux sont pourtant, semble-t-il, très caractérisés, très particularisés. Les   5 acteurs d'un fait divers qui se déroule dans un quartier de Paris ou dans une rue d'Anvers ou de La Rochelle ont des physionomies originales et des habitudes de vie, des réactions et un tour d'esprit bien à eux . . . C'est justement le miracle que les frontières et les distances soient abolies entre les personnages et les lecteurs, à quelque nationalité qu'appartiennent les uns et les autres. Ni son métier, ni son milieu social ni les mœurs ni   10 les lois de son pays ne sauraient faire écran à l'être humain qui surgit d'entre les pages du roman. L'auteur se garde d'ailleurs d'expliquer ses personnages et de démonter devant son lecteur les rouages d'un mécanisme psychologique. Il se contente de donner des renseignements, des indications, des repères, et non sans économie. A vrai dire, il semble que ce soit le lecteur qui crée les personnages de Simenon et qui les différencie. Il y a là,   15 de la part de l'auteur, une remarquable discrétion.

Georges Simenon, Préface de Marcel Aymé,
Le Chien Jaune, Le Livre de Poche Policier (Arthème Fayard)

---------- **SECTION 2** ----------

(A) Read the following passage, then answer in English the questions below:

Terrorisme et réalisme

Détournements d'avions, prises d'otages, attentats par bombes, lettres ou colis piégés . . . ces massacres d'innocents, cette désinvolture à tuer indignent et affolent l'opinion publique. Car s'il est vrai que la violence aveugle n'a rien de nouveau, le monde moderne en multiplie la crainte. D'abord, par les facilités qu'il offre aux terroristes. La puissance et la perfection des armes, même miniaturisées, la force des explosifs, la rapidité des   5 communications, la liberté de mouvement dans nos sociétés permissives, leur répugnance à des châtiments rigoureux, tout est là pour susciter des vocations criminelles, y compris la triste célébrité, vite mondiale, à laquelle les mass media promettent les auteurs d'actes les plus odieux.

    Du côté des victimes, le monde moderne assure aussi l'amplification de la terreur. Non   10 pas seulement à raison du risque effectivement encouru: les temps anciens ne manquaient pas non plus de brigands, de tortures et de rançons. Mais les zones dangereuses étaient mieux localisées, et le péril paraissait souvent la suite d'un acte volontaire. Aujourd'hui, le terrorisme a pour jeu de frapper indistinctement, et de préférence même dans des endroits inattendus, donc paisibles. Chacun ressent le risque   15 comme quotidien, omniprésent, inévitable. D'autant plus que les télévisions nous font les témoins directs et immédiats de l'horreur, aussi loin qu'elle se situe: la distance ne joue plus son rôle rassurant.

20   A notre époque, le terrorisme devient donc un phénomène international: non pas seulement dans sa perpétration, dans la peur qu'il fait naître, dans la migration de ses auteurs, mais peut-être aussi dans certains de ses réseaux bien financés, bien entraînés et disposant d'État refuges.

Ainsi devenu phénomène internationale, le terrorisme appelle une riposte à la même échelle, et une stratégie qui enjambe les frontières. Mais ici se place une autre donnée: les
25   terroristes se réclament souvent de motifs politiques. Qu'ils luttent pour l'indépendance d'une nation, ou pour l'autonomie d'une région, qu'ils veuillent contraindre à un changement de régime ou de société, qu'ils entendent obtenir le redressement d'une injustice alléguée ou la fin d'une exploitation prétendue, tous ceux-là ne se présentent pas comme de vulgaires criminels, mais comme de nobles combattants, mus par un idéal
30   très haut, et désintéressé. L'intérêt de se camper ainsi en pose avantageuse n'est pas uniquement psychologique. La plupart des États libéraux tirent de leur origine même une indulgence marquée – dans l'ordre international précisément – pour les criminels politiques. Ceux-ci peuvent obtenir le bénéfice du droit d'asile, et correlativement, ils n'encourent pas l'extradition: c'est-à-dire que l'État, sur le sol duquel ils se sont réfugiés,
35   refusera de les livrer à l'État qui les réclame pour les punir.

Or, un statut aussi favorable – proche souvent de l'impunité – perd beaucoup de son sens devant une opinion publique exaspérée, emplie de peur, et devant des actes terroristes aussi cruels qu'innombrables, discréditant la cause invoquée au point de lui faire perdre toute force d'absolution. Les évidences resurgissent alors dans la conscience
40   collective de la vieille Europe. Lassée de voir à quels excès sanglants, à quelles atrocités gratuites peut conduire l'idée que la fin justifie tous les moyens, elle entend proscrire et permettre de châtier certains procédés qui sont ceux de la barbarie, sans vouloir considérer les mobiles – toujours présentés comme honorables – dont on prétend les excuser. Il y a des actes si graves en eux-mêmes que rien, vraiment rien, ne peut les
45   légitimer.

Jean-Claude Soyer, *Le Figaro*

1   What specific acts of violence are mentioned here?
2   In what ways does modern society play into the terrorists' hands?
3   Why nowadays does the general public have much less reason to feel secure?
4   What indications are there in this article that terrorism is not universally condemned?
5   For what 'just' causes, other than regional or national independence, do terrorists claim to be fighting?
6   What image do terrorists seek to project?
7   How do the 'liberal states' aggravate the situation?
8   What excuse, used by terrorists as a justification, is no longer acceptable? Why?

(B)   List the words for which the following pairs of definitions are provided and indicate, by putting A or B, whichever of the two is correct in this context:

1   A privé du sens de la vue
    B sans limite ni réserve
2   A ensemble d'individus vivant sous des lois communes
    B groupe qui accomplit des opérations commerciales
3   A personne qui fait un ouvrage de littérature
    B personne qui est à l'origine d'une chose
4   A qui résulte d'un acte de volonté
    B sans contrainte extérieure
5   A ce que doit dire et faire un acteur
    B fonction assurée par une force, un élément quelconque

6 A un ordre de grandeur
   B appareil dont on se sert pour monter ou descendre, se composant de deux
      montants parallèles réunis par des barreaux transversaux régulièrement espacés
7 A forme de gouvernement
   B ensemble de prescriptions concernant l'alimentation
8 A lieu où l'on se met à l'abri
   B établissement d'assistance publique ou privée
9 A direction dans laquelle se fait un mouvement, une action
   B raison d'être, signification
10 A se dit d'une action sans fondement, sans justification
   B se dit d'une chose qu'on reçoit sans payer

(C) Explain in French the following:
un colis piégé   les mass media   la société permissive
jouir d'une célébrité mondiale   un acte volontaire   le détournement d'un avion

(D) In this continuation of Jean-Claude Soyer's article 20 words have been omitted.
They appear below in random order. Rewrite the passage, inserting them appropriately.

auteurs	propres	être	délai
pourchasser	consiste	droits	démocratie
nature	soit	terrorisme	quoi
servir	doute	en	les
faire	Conseil	plus	telle

C'est bien ce que prévoit la convention contre le _____ , proposée aux 19 membres du
_____ de l'Europe. Son innovation essentielle _____ à énumérer les infractions qui, par
leur _____ intrinsèque et leur gravité objective, cesseront de relever du statut politique.
C'est ainsi que les _____ de détournements d'avions, de prises d'otages, d'attentats par
explosifs, devront _____ extradés. Et si l'État requis de la faire se refuse à _____ livrer, il
devra lui-même _____ juger ces criminels, dans un _____ normal, par ses _____
tribunaux.
Sans _____ ne convient-il pas d'exagérer la portée pratique d'une _____
convention . . . Il faut souligner qu'elle ne vaudra que par la volonté réelle des États
membres de _____ le terrorisme. _____ d'autres termes, une arme est forgée, mais
tiendra-t-on à s'en _____ ? . . .
Le réalisme enseigne qu'une solidarité répressive a d'autant _____ de chances de
prospérer qu'elle s'établit entre États pratiquant une conception voisine de la _____
pluraliste et un respect semblable des _____ de l'homme. Faute de _____ , le terroriste
aux yeux de l'un paraît, soit un libérateur, qu'il s'agit de ménager, _____ un persécuté,
qu'il s'agit de protéger.

(E) Use words related to those in brackets in order to complete the following
sentences:
1 Il avait pris au _____ un gros lièvre. (piégés)
2 Ses résultats _____ de son travail assidu. (témoins)
3 Les paroles persuasives du patron finirent par _____ les grévistes. (paisible)
4 Ses manières brusques ont _____ de nombreux habitués. (loin)
5 Il annonça à ses beaux-parents par lettre la _____ de sa fille. (naître)
6 En apprenant qu'il avait gagné le premier prix il fut _____ de joie. (affolent)
7 '_____ -moi de me présenter!' (permissive)
8 Je sais que ce que vous dites n'est pas _____ ce que vous pensez. (force)
9 Qui aime bien _____ bien! (châtiments) (proverb)

10   Vu le climat et l'altitude, c'était une expédition _____ . (péril)

SECTION 3

(A)   Consider carefully the various meanings of 'devoir, pouvoir' and 'vouloir' before completing the following sentences:

1   Il (ought to have) nous prévenir.
2   Zut! Je (must have) le laisser au vestiaire.
3   La maison était vide; elle (must have) sortir.
4   S'il (could) le réparer, je lui serais très reconnaissant.
5   Il m'a demandé si je (could) assister à la réunion.
6   Que (expect) vous qu'il fasse?
7   (Please) nous faire savoir si ce projet vous intéresse.
8   Ils (had to) souvent s'y rendre à pied.
9   Ils (were to) nous revoir plus tard dans la soirée.
10   Il retomba et elle (had to) aller à son secours.
11   Elle viendra aussitôt qu'elle (can).
12   Il (may) y avoir une deuxième grève.
13   (Will) tu t'asseoir sur cette chaise-ci?
14   C'était une petite brune, elle (might have) avoir une trentaine d'années.
15   Il (might have) téléphoner plus tôt, n'est-ce pas?

(B)   Study carefully the following prepositions and adverbs before using them to fill in the blank spaces in the sentences below.

au-dessus de	là-dessus	par-dessous
par-dessus	au-dessus	dessous
dessus	au-dessous de	au-delà de

1   Le camping était situé _____ la rivière; ils devaient attendre le retour du bac.
2   Ils descendaient l'avenue bras _____ bras _____ .
3   L'hélicoptère planait _____ nos têtes.
4   Il glissa la lettre _____ la porte.
5   L'inconnu lisait le journal _____ mon épaule.
6   _____ il sortit son révolver et tira sur lui à bout portant.
7   Il n'aurait pas dû jeter le carton vide _____ la haie.
8   Dix degrés _____ zéro, et l'étang est gelé d'un bout à l'autre.
9   J'ai cherché partout, mais je n'arrive pas à mettre la main _____ .
10   Elle s'est agenouillée pour regarder _____ .

(C)   Consider again the <u>main</u> uses of the subjunctive before paraphrasing the following sentences. Use the constructions that appear in brackets at the end of each sentence.

1   Ils se demandent si Maurice est vraiment capable de mener à bien cette mission.
     (_____ douter que _____)
2   Tu n'as pas profité de cette occasion; j'en suis au regret.
     (_____ regretter que _____)
3   Il se fait tard; vous devriez partir maintenant.
     (Il est temps que _____)

4   Suivant les ordres du roi, le condamné fut gracié.
    (_____ insister pour que _____)
5   Je vais me faufiler parmi les invités, mais elle ne doit pas s'en apercevoir.
    (_____ sans que _____)
6   Les autres pourraient faire des difficultés; à part ça, je n'y vois pas d'inconvénient.
    (A moins que_____ (ne) _____)
7   Les invités ont tout ce qu'il leur faut? J'espère bien que Jeanne s'occupe d'eux.
    (_____ veiller à ce que _____)
8   Il est déjà rétabli? Considérant la gravité de l'accident, je trouve cela bien surprenant.
    (_____ s'étonner que _____)
9   Je suis étranger ici et j'ai besoin de quelqu'un capable de faire les réparations
    nécessaires.
    (_____ ne connaître personne qui _____)
10 Ce mardi-là on dîna plus tôt que d'habitude: il y avait un match en direct que
    Monsieur Desmoulins ne voulait pas manquer.
    (_____ pour que (afin que) _____)

(D)   For each of the following sentences write a fresh sentence meaning virtually the
same as the original, but including the words given in brackets.

1   Quand elle s'était habillée, elle se promenait d'habitude au bord du lac. (après)
2   Dès qu'il arriva, on se mit à table. (arrivée)
3   En nous voyant il ne fit que hausser les épaules. (se contenter)
4   Il avait toujours voulu piloter un poids-lourds. (envie)
5   On peut acheter cette sorte de casserole chez tous les quincailliers. (n'importe)
6   Je vous serais obligé de bien vouloir m'envoyer un plan de la ville. (parvenir)
7   Peut-être qu'il ne viendra pas ce soir. (se peut)
8   Il aurait bien voulu habiter loin des villes. (pleine)
9   La dernière tâche de Mathilde fut le repassage des chemises de son fils. (finir)
10 Quand il faisait beau, les ouvriers se rendaient au parc à midi. (par)

(E)   Earlier in this unit, and elsewhere, you will have come across phrases such as the
following:

    quoi qui survienne
    quoi que vous entendiez
    quels que soient les problèmes auxquels il fait face
    de quelque nationalité qu'il soit
    quelque/si grands que soient leurs efforts

Fill in the blank spaces in the sentences below, basing what you write on the above
patterns. At the end of each sentence, in brackets, is the verb required.

e.g.   ' _____ peu qu'il _____ , il arrive à obtenir la moyenne. (faire)'
becomes
       'Si peu qu'il fasse, il arrive à obtenir la moyenne.'

1   _____ que _____ les avantages de cette méthode, il ne l'instaurera pas. (être)
2   _____ que vous _____ , vous feriez mieux de garder le silence. (soupçonner)
3   A _____ distance que nous _____ , la télévision nous fait les témoins de l'attentat. (se
    trouver)
4   _____ que vous _____ fait, il faut l'avouer. (avoir)
5   _____ haut que _____ leur idéal, rien ne les excuse. (être)
6   _____ vite qu'il _____ , on le rattrapera. (courir)

--------------------- **SECTION 4** ---------------------

Translate the following passage into French:

Since the appearance[1] of this article ten years ago nothing has changed. On taking stock of the present situation one realises that terrorism still manifests itself on a world scale at more or less regular intervals, despite the increased vigilance of the authorities.

The front[2] page of any newspaper reminds one of the climate of violence in which we live and to which, unfortunately, we have grown accustomed. In Paris two policemen are gunned down by Arab terrorists; in the centre of Barcelona a booby-trapped van causes the death of innocent private citizens; a hijacked aircraft is forced to land at Geneva airport and, before being overpowered by the Swiss police, the hijacker kills a French businessman; in Northern Ireland a stray bullet mortally wounds a child.

Whatever reasons are given for such acts, it is impossible to justify gratuitous violence. Moreover, one should not forget the part played by those who select, train and finance these men and women.

Notes
1   'l'apparition, l'apparence' or 'la parution'?
2   Cp. 'la dernière page' – back page

Vocabulary
faire le bilan de
redoublé(e)
abattre
provoquer
un simple particulier
maîtriser
une balle perdue

APPENDIX

SAMPLE PAPER FOR REVISION: UNIVERSITY OF OXFORD DELEGACY OF LOCAL EXAMINATIONS
Advanced Level, 1987

FRENCH (Alternative Syllabus),
PAPER 3

Time allowed: 2½ hours
Maximum mark **60**

Attempt *all* questions. Write your answers in ink in the spaces provided.

1. Complete the sense of the sentences below by writing in the blank space one word or expression from the following list. **Do not use any of these more than once.**

[10]

à	après	auprès de	en	pour
à la	au	dans	entre	sur
à partir de	au-delà de	de	par	vers

(a) La compagnie avait décidé d'électrifier le réseau......................la guerre.
(b) Nous avons fini........................sortir plus tard.
(c) Il faut profiter........................maximum de son séjour linguistique.
(d) Les prisonniers ont trop souffert........................pouvoir parler immédiatement.
(e) Le nouveau musée sera ouvert........................demain.
(f) Cet élève fait de vrais progrès............................le plan personnel.
(g) Il ne faut pas oublier le rôle éducatif de la mère........................l'enfant.
(h) Le village se trouve........................la forêt.
(i) Il paraît que les Français ont opté........................faveur du projet irlandais.
(j) On ne peut pas nier l'importance de cette technologie........................l'échelle internationale.

2. Finish each of the following sentences in such a way that it means the same as the sentence printed before it.

[27]

    Example: On avait inscrit les informations nécessaires sur un panneau.
    Answer: Les informations nécessaires *avaient été inscrites sur un panneau.*
(a) Cela faisait vingt ans qu'il travaillait a l'Institut Pasteur.
    Il ....
(b) C'est à la recherche scientifique qu'on doit la plupart des grandes découvertes.
    La plupart ....
(c) Votre seul moyen d'arriver à Bordeaux ce soir, c'est de prendre l'avion.
    Vous ....
(d) Les manifestants écouteront des discours quand ils seront arrivés à la Place du Marché.
    Après ....

(e) Malgré le départ des joueurs, le bruit n'a pas cessé.
Bien que ....

(f) Dans le cas de ta réussite immédiate, téléphone-moi demain matin.
Si...

(g) La mer renferme des ressources fabuleuses dont dépend l'humanité.
L'humanité...

(h) C'est par l'examen des traces laissées par le tigre qu'on le distingue.
En..

(i) Il est possible que tu puisses prendre le train de 9 heures demain.
Tu...

3.   Choose **one** expression from the following list to complete the sentences below in any way which seems appropriate. **Do not use any of the expressions more than once.**

[11]

à bras ouverts	*à l'année*	*à tour de rôle*
à fond de train	*à pas de loup*	*à verse*
à la douzaine	*à perte de vue*	*à voix basse*
à la française	*à l'heure*	*jusqu'aux os*
à la main	*à tue-tête*	

(a) Pour ne pas être entendu, il a parlé.................................

(b) Il a fait mauvais temps; nous avons été trempés..............................

(c) Le boulanger vend ses croissants ....

(d) Pendant tout le weekend il a plu ....

(e) Cet enfant-là, qui est paresseux, n'arrive jamais ....

(f) On peut louer des appartements...

(g) Les champs de blé s'étendaient...

(h) Pour partager le travail, nous avons fait la cuisine ....

(i) Mon ami m'a reçu...

(j) Les habitants du village ont salué les étrangers................................

(k) Inquiet, il poussa la porte et entra ....

4.   Write single sentences, using the following words and phrases in the order, and in the form, in which they are printed, adding any words you think necessary to complete the sense.

[26]

Example: puisque/équipe/pas/stratégie/objectifs/pas réalisés

Answer: Puisque *l'*équipe *n'a* pas *de* stratégie, *ses* objectifs } *ne seront pas* réalisés / *n'ont* pas *été* réalisés

(a) souvent/femmes/chargées/faire les comptes/aussi/surveiller/employés/mari/absent

....

(b) experts/environnement/engagés/lutte/pollution/accusant/voiture/causé/mort/forêt allemande

....

(c) dix ans/construit/côte d'azur/ports/attirer/visiteurs étrangers

....

(d) grâce/milliards/francs/investis/gouvernement/Concorde/devenu/avions/
célèbres/monde

....

(e) deux ans/proportion/gens/veulent partir/étranger/baissé/30%/cause/crise
financière

....

(f) agriculteurs/répondu/questions/journalistes/disant/luttaient/obtenir/
meilleurs prix/produits/Bretagne

....

Questions 5 to 9 are based on the passage printed below.

Quand les machines penseront

Le document arriva sur son bureau de l'université Stanford (Californie) un matin de
1981. Edward Feigenbaum en lut distraitement le titre: «Rapport préliminaire sur la
cinquième génération d'ordinateurs». En quelques feuillets, les auteurs y décrivaient un
nouveau projet japonais . . .

D'habitude, Feigenbaum classait ce genre de littérature dans une petite corbeille   5
intitulée «A lire un de ces jours» et, bien sûr, trop occupé par ses recherches et par la
direction de son laboratoire d'intelligence artificielle, il l'y oubliait. Mais un confrère de
l'université d'Edimbourg l'avait alerté quelques mois auparavant. Selon ce dernier, le
Japon préparait une vraie révolution informatique. Feigenbaum accorda donc cette fois
une attention toute particulière à ce nouveau document.   10

Il eut raison: les Japonais, énonçait le rapport, voulaient construire, les premiers, une
nouvelle génération d'ordinateurs «intelligents» capables de raisonner et de dialoguer
avec l'homme en langage naturel, et cela pour 1990! Coup de bluff? Le projet pouvait
sembler totalement absurde, mais pas pour un pionnier de l'informatique comme
Feigenbaum. Et pour cause: ce qui servait de base à l'argumentation japonaise, c'était   15
essentiellement . . . les travaux d'intelligence artificielle menés depuis vingt-cinq ans par
lui-même et ses confrères américains, anglais et français!

Feigenbaum et plusieurs autres chercheurs furent invités à Tokyo en octobre 1981. Ils
apprirent alors que le Japon venait de se doter d'un plan national de dix ans extrêmement
ambitieux pour développer les machines de la prochaine décennie. Le Miti (ministère du   20
Commerce international et de l'Industrie) lui consacrait 500 millions de dollars à lui seul,
24 grands programmes de recherche étaient déjà lancés en étroite collaboration entre
l'Etat et les compagnies privées. A leur retour aux Etats-Unis, les scientifiques
entreprirent une discrète, mais insistante campagne auprès des autorités et des industriels
américains pour les convaincre d'organiser, sans tarder, la riposte. C'était en même temps   25
l'occasion rêvée de réclamer de nouveau crédits de recherche.

Aujourd'hui, leur militantisme a payé. Aux Etats-Unis, on a décrété la mobilisation
générale contre l'offensive japonaise. «C'est une sorte de guerre, dit Feigenbaum. Après
l'invasion nippone dans le secteur de l'automobile, du matériel d'électronique et
maintenant des puces de silicium, nous ne pouvons plus nous permettre d'être   30
complaisants.»

L'orgueil national n'est pas seul en cause. Celui qui maîtrisera le marché des
ordinateurs à la fin du siècle dominera en fait non seulement l'industrie informatique,
mais aussi les autres secteurs industriels et une bonne part du marché économique
mondial. Déjà, aux Etats-Unis, plus de la moitié des travailleurs n'interviennent plus sur   35

des biens matériels, mais sur de l'information, des connaissances, des services. La tendance s'accentue: à la fin du siècle, l'ordinateur sera l'outil omniprésent de ce que les économistes appellent déjà la «société postindustrielle».

Depuis quelques années, on le sait, celui-ci envahit progressivement la plupart des
40 secteurs de production; il aide à la conception des automobiles, des avions, des engins spatiaux et des . . . ordinateurs; il se fait de plus en plus petit, de plus en plus puissant, de plus en plus accessible . . . Pourtant, nous en sommes toujours à la préhistoire de l'informatique, car nous n'avons fabriqué jusqu'à présent que de vulgaires calculateurs plus ou moins évolués: la première génération, juste après la Seconde Guerre mondiale,
45 comportait des tubes à vide; mais quant à la génération future, on dit déjà qu'elle sera aux précédentes ce que l'automobile fut à des générations de chariots tractés: une technologie décisive qui influencera profondément notre société et nos modes de vie. Les ordinateurs ne se livreront plus uniquement à des calculs, mais à des raisonnements «intelligents». Ils s'exprimeront probablement dans notre langue «naturelle», en y mettant peut-être même
50 la voix . . . Ce sera, enfin! la vraie révolution informatique.

5. Fill in the blank sections of the box below with one appropriate word, as in the two examples given.

[12]

	VERB	NOUN
example 1	construire	*construction* or *constructeur*
example 2	lire	*lecteur* or *lecture*
	arriver	
		direction
	entreprendre	
		collaboration
	permettre	
		connaissance
		conception
	décrire	
	évoluer	
		production
		calculateur
	fabriquer	

6. Find the word or words in the text preceding question 5 whose meaning is the same as, or as close as possible to, the following words or expressions.

[10]

Example: des papiers de cette sorte
Answer: *ce genre de littérature*
(a) normalement ....
(b) qui portait le titre ....
(c) il n'y pensait plus ....

(d) d'après celui-ci..

(e) selon le document..

(f) qui pouvaient penser logiquement ....

(g) dépensait sur cela...

(h) actuellement ....

(i) une proportion importante ....

(j) 50% de la population active..

7. Explain, **in French**, the meaning of each of the phrases below from the text, using
your own words **as far as possible**.

[**27**]

   Example: en quelques feuillets
   Answer: *en l'espace de quelques pages*
   (a) l'avait alerté (line 8)

   ....

   (b) un pionnier de l'informatique (line 14)

   ....

   (c) la prochaine décennie (line 20)

   ....

   (d) auprès des autorités (line 24)

   ....

   (e) sans tarder (line 25)

   ....

   (f) réclamer de nouveaux crédits (line 26)

   ....

   (g) leur militantisme a payé (line 27)

   ....

   (h) on a décrété la mobilisation générale (lines 27 – 28)

   ....

   (i) après l'invasion nippone dans le secteur de l'automobile (lines 28 – 29)

   ....

8. Complete the following sentences, so that their meaning is as close as possible to that
of the original sentence in the text.

[**27**]

   Example: Un nouveau projet japonais..
   Answer: Un nouveau projet japonais *y était décrit par les auteurs.*
   (a) Souvent, Feigenbaum oubliait les papiers qu'il recevait parce qu'il avait ....

   ....

   (b) Selon un confrère d'Edimbourg, une vraie révolution informatique...............

   ....

   (c) La construction d'une nouvelle génération d'ordinateurs pour 1990 était le.....

   ....

   (d) Depuis vingt-cinq ans lui et ses confrères..

   ....

   (e) Le plan national japonais était de réaliser le...

   ....

   (f) Les scientifiques ont entrepris une campagne auprès des autorités quand.........

   ....

(g) On croyait qu'à la fin du siècle, si on...

....

(h) Comme l'automobile, l'ordinateur est une technologie décisive qui a eu une ...

....

(i) A l'avenir, les ordinateurs ne pourront pas seulement ....

....

9. The following passage is a continuation of *Quand les machines penseront*. Fill in the
    blanks with **one** suitable word. Credit will be given for the right grammatical form
    of word, even if the vocabulary is inappropriate. The first one is done for you.

    [30]

Quelques-unes de ces machines EXISTENT déjà dans les centres de recherche
américains, français, anglais et japonais. Ce ne sont pour le moment.......1.......... des
programmes d'ordinateurs capables, ...2......... exemple, de faire des déductions
logiques, d'absorber des........3......... spécialisées, de formuler des avis.

De véritables machines........4......... assistent également les géologues, les médecins, les
chimistes ou les militaires. Elles ....5......... déterminer la richesse d'une couche
pétrolière ou déceler une maladie infectieuse, avec parfois ....6......... de vivacité que les
spécialistes de chair et d'os. Bien sûr, ce sont ces derniers qui leur ....7......... transmis à
la fois leurs connaissances et la ....8......... de les utiliser. Pour leur ....9......... un
certain savoir médical, il a d'abord fallu interviewer longuement de vrais médecins et
analyser ....10......... le raisonnement qui les conduit à formuler un diagnostic.

........11......... sont toutes ces 'intelligences artificielles' que le gouvernement japonais
est décidé à développer. ......12......... un tel objectif national? Parce que le Japon a peu de
........13......... naturelles, mais une population elevée, ...14......... les auteurs du projet sur
la cinquième génération. Il ....15......... donc utiliser cet avantage pour cultiver
l'information comme une nouvelle ressource, comparable à la nourriture ou à l'énergie.